お年頃の高学年に効く!

こんな時とっさ!のうまい対応

松尾 英明 著

明治図書

「OK指導」より「NG対応」を先に知る

高学年で、「OK指導」をしてうまくいっている教室。

それができている教師像を思い浮かべてください。

どういった教師像をイメージしますか。


人気者で、休み時間に子どもが群がってくる先生。

穏やかで、話をよく聞いてくれる先生。

面白いことをたくさん言って、笑わせてくれる先生。


実はこのベースには「NG対応」をしていないということがあります。

つまり、マイナスの状態にしていないということです。

しかし、この姿は、うまくいっている教室からは具体像が見えません。


この本の中では、ここに関連する二人の対照的な教師が登場します。

「ハジメテ先生」は、熱意だけはあるものの、教育技術や知識は未熟な教師像です。

極端に指導が下手な例として示しましたが、初任から数年の自分自身の姿でもあります。

また、私が実際に現場で見てきた、あるいは全国の悩める先生方から聞いてきた、痛恨のミスの事例記録でもあります。

一方の「ベテラン先生」は、教職の苦労を経てあるレベルまで達した教師像です。有名な先人や知人、尊敬する諸先生方をモデルにしています。

何より、私自身が実際に行い、効果のあった事例を紹介しているので、実践記録としては、どれも本物になります。（プライバシーに配慮し、設定には多少の脚色があります。）

うまくいく方法だけ知ればいいので、ベテラン先生の方だけでいいと思う方もいるかもしれませんが、それは違います。

実は、うまくいく方法に辿り着く最短の方法は、逆の方法を知ることなのです。

「駄目な方法を知って、それを決してやらないこと」なのです。

危険を知って事前に対策を打っておくからこそ、安全・安心ベースで挑戦できるのです。

「こうするとやけどする」とわかっているからこそ、理科の実験で火を扱えます。

「こうやると大ケガをする」とわかっているからこそ、体育の指導ができます。

だから、ハジメテ先生の駄目な事例を知って「大やけど」を防ぐことが、高学年の心をとらえて離さない指導をする上で、大変有益なのです。

本書のタイトルには「こんな時とっさ！のうまい対応」とありますが、実は「うまい対応」を身に付けるよりも「ＮＧ対応」を避ける方が優先です。「ハジメテ先生」から「ＮＧ対応」をまず学び、その上で「ベテラン先生」から「ＯＫ指導」を学んでください。

なお、うまくいかない指導法は汎用性（同じ効果が期待できる）が高いのに対し、うまくいく指導法の方は、相手に応じた工夫が必要なことが多いものです。うまくいく事例の一つとして捉える方がより現実的です。

では、次ページより早速その具体例を見ていきましょう。

☑まずは「ＮＧ対応」を知り、やらない。
☑次に「ＯＫ指導」を知って、実行する。

登場人物紹介

ハジメテ先生

新卒３年目。

国立大学教育学部卒業。

子どものころからずっと教師志望。

今年はハジメテ高学年の担任になった。

担任した子どもたちと感動の卒業式を迎え，いつか卒業した子どもたちが成人し，同窓会に呼んでもらって飲みに行けたら…と夢を見ている。


歳も近いし，子どもたちとうまくやれるはず…と思っていたけれど，このところ…。

登場人物紹介

ベテラン先生

教職22年目。
趣味はヨガ。
このところ担任するのは高学年ばかり。
実は中学生になる息子がいるが「みえない！」といわれるのがひそかな喜び。
思春期の子どもたちは，大人になりそうでなれない複雑系生物 ♥ と日々を楽しむ。

おごることなく，日々緊張感を持ちながら子どもたちと接している。

もくじ

第1章 高学年　担任教師の心得

第2章

高学年　クラスの仲間づくり

第3章

高学年　生活場面の指導

第4章

高学年　お年頃女子への指導

第5章　高学年　授業場面の指導

第1章

高学年担任教師の心得

学級開き直後のルールづくりでは……

いきなり「自由」より「最低限のルール」を示す

学級開きの後、クラスの諸ルールについて決めていきます。

「良いクラスをつくっていきたい」という漠然とした思いはあります。

もう高学年なので、あまりルールで締めつけたくないという思いもあります。

では、その思いの実現のためには、どんな風にルールを決めていけばよいのでしょうか。

あなたなら、どんな風に投げかけますか。

ハジメテ先生

「全部自分たちで決めて」と丸投げする。

自由なクラスをつくりたいという思いから、次のように伝えました。

「ルールは、全てみんなで話し合って決めましょう。」

「理解ある対応」にもちろん子どもたちは大喜び。「さすが先生！」「子どものことをわかってる！」と、子どもにほめられて満足気です。

しかし、間もなく子どもたちの学校へのルール破りが常態化し、いじめ、暴力が横行し、手の付けられないクラスになりました。担任が指導をしても「今さら何言ってんの？」

「自由なんでしょ？」と相手にされません。結局、一年を通して学級に教務主任等の他の先生が交代で入って、「何も起きないように」と安全確保に奔走することになりました。

ベテラン先生

「安全・安心」に関わる最低限の絶対ルールを示す。

学級開きの初日に、次のように伝えます。

「誰にとっても安全・安心なクラスをつくります。そのために、次のルールだけは全員に守ってもらいます。」

そのルールとは**「自分がやられて嫌なことを人にしないこと」**というたった一つのルール。この最低限のルールだけは示しておきました。

その後、この学級でも様々な問題が起きますが、その都度学級会を開き、子どもたち自身による「本当に必要なルール作り」が始まりました。できたルールには不完全なものもありましたが、失敗をしながらも時期を追うごとにルールを変化させていきました。不必要なルールはやがてなくなり、自分たちのルールを自分たちで守るクラスになりました。

▼ここがポイント！

学級づくりの初期段階では、担任によるルールの保障が確実に必要です。なぜなら、まだ子ども同士の関係性が浅い段階では、**担任のみが学級に秩序をもたらせる唯一の存在**だからです。

ハジメテ先生は、ここを間違えています。最初からその権利を放棄し、子どもの「自由」にすれば、誰がその権力を握るのでしょう。答えはクラスの「強い子ども」です。特に高学年においては、「グループ化」とも関わって子ども間に確固たる序列ができている可能性が高いです。集団のルールとは、成員の全員が気持ちよく過ごすためにあります。特に、弱い立場の人を守るものである必要があります。ベテラン先生は、ここをしっかりと押さえ、**最初は教師が主導し、ゆくゆくは手放していく**という戦略的スタンスをとっています。

☑ ルールの保障は担任の責任。
☑ 徐々に手放して本当の「自由な学級」を目指す。

叱る時は……

「全体」より「個別」

ある日の掃除の時間です。A子たち仲良し三人組は掃除を全くせず、ほうきを持ったままずっと自分たちが大好きなアイドルグループの話をしてさぼっています。周りのおとなしい子どもたちは、A子たちには何も言わずに、黙って掃除をしていました。
明らかな叱るべき場面に、あなたなら、どう指導をしますか。

ハジメテ先生

明らかに正しくない行為なのだから、みんなにもわかるように厳しく叱る。

「何が悪いことなのか、みんなにもわかってもらいたい」という思いから、やった子どもたちを学級のみんなの目の前で厳しく叱りました。本人たちも自分のしたことが明らかに悪いとわかっています。しかし女子のリーダー格であるA子は、裏で「ハジメテの言い方、気に入らないよね。」と、周りの女子に言い出しました。「そう思うでしょ？」と同意を求められると、リーダー格のA子には誰も言い返せません。そのうち「ハジメテの言うことは無視しちゃおう」という暗黙の了解が広がり、指導が入らなくなりました。

ベテラン先生

個別に呼び出して、相手の話を聞いた上で叱る。

ベテラン先生は、さぼっているA子たちがやり始めることを期待して、黙って見守っていました。しかし、A子たちは掃除の時間が終わるまでそのままでした。ベテラン先生は「放課後、話があるから残って」と三人に個別に声をかけました。

放課後三人が集まったので、「なぜ呼ばれたか理由はわかりますね。」と問いかけました。A子が「掃除をさぼっていたからです。」と答えたので、全員に事実の認識を確認し、まずA子から話を聞きました。「掃除をやりたくないのね。」「先生もそうだったからわかるわ。」とまずは共感を示しました。

しかしその上で「でもね」と付け加え、掃除をしないということで、周りの人がどんな思いを抱き、それによってA子たちがどう思われるかという話をしました。社会で役割を果たす意味、人の役に立てる喜びということについても、真剣に語りました。

次の日から、ベテラン先生は掃除の時間のたびに、温かい視線を送り続け、不適切な行為には首を振って伝えました。徐々にA子たちの掃除への態度が変わり始めました。

▼ここがポイント！

叱っていること、厳しいこと自体はどちらの先生も同じです。しかし、叱っている場が違います。**特に高学年では、周りの子どもとの人間関係に配慮した指導が肝**になります。

高学年は、周りとの人間関係の上で自分を確立しようとする時期です。ですから、仲間の前で叱責されることに激しい抵抗感をもつことがあります。自分の行為が悪いかどうかではなく、叱られているシチュエーションの方に意識がシフトしてしまうのです。

これは、ほめる場合にも言えます。ほめる場合ならいいだろうと思うかもしれませんが、「自分だけいいかっこして」と仲間に思われたくないのです。だから、良い行為であってもあからさまにほめられることは嫌がる子どももいます。こういう子どもには、本人の近くでつぶやくように「さすが……」「すごいなあ……」と承認するのがコツです。

☑ 高学年へ叱る時は、個別の指導が基本。
☑ 周りの子どもへの配慮が肝。

何度注意しても廊下を走っている時は……

「一回にしつこく**ネチネチ**」

より

「何度でも**短く**」

休み時間、廊下を走っている子どもを見つけました。見ると、昨日も注意したB君です。何度注意しても、廊下を走る行為をやめません。
あなたなら、どんな風に指導をしますか。

ハジメテ先生

悪いとわかっていないようだから、時間をかけてしっかりと指導する。

今度こそ守らせようという思いから、「何度注意したらわかるんだ」と言って、前回の話から始めました。廊下を走ってはいけない理由、なぜこういうことを言うのか、しっかりと話すのですが、B君は早く外に出たくて上の空。それがわかって、余計にネチネチとした指導になっていき、そうこうしているうちに休み時間が終わりました。

次の日、何とB君はまた廊下を走っています。今度は、呼び止めても無視して走り去っていきました。毎回の指導があまりに疲れて自分も休めなくなるので、ハジメテ先生の方が折れてしまい、やがて他の子どもも廊下を走るようになりました。

ベテラン先生

見つけたら必ず指導。ただし短く、何度でも指導。

「はい、B君止まって。こっち来て。」

ベテラン先生の毅然とした声に、びくっとして走るのを止めたB君。観念した顔で、ベテラン先生の前に来ました。

「廊下は？」の問いかけに「歩きます。」の答え。「何で？」の問いかけには「低学年の子もいるし、ぶつかると危ないから。」と答えます。毎度聞かれるので、言葉もすらすらと出てきます。

「わかっているなら、歩いてね。」と言うと「すみませんでした。」と答えて、B君は歩いていきました。

次の日、B君はまた廊下を走っています。「はい、B君おいでー。」……

これを繰り返すうちに、B君の廊下を走る行為は、なくなりこそしませんでしたが、回数は確実に減っていきました。周りの子どもたちも、やはり完全にはなくならないまでも、廊下を走る姿は減っていきました。

▼ここがポイント！

廊下を走ると危ないよ。1年生でも知っていることです。**高学年にもなって、このことがわからない訳がありません。**高学年のルール破りは、9割が「確信犯」です。つまり、「先生に見つかるかどうか」が行為のポイントになっています。大人の社会の交通違反を見ればわかります。パトカーがいるとわかっていて、平気で違反をする人はいません。

破る前提が必要です。廊下を走るのは、健全な小学生なら当たり前ぐらいに思っておきます。そして、破ったら確実に注意するということも心に決めておきます。短くていいのです。子ども側からすれば、先生の目の前で学校のルールを破ったら必ず注意されるという認識が大切です。注意されること自体への抵抗はしません。なぜなら、本人も悪いとわかっているからです。しつこさは、1回の時間ではなく、回数で出しましょう。

☑ 高学年のルール破りは「確信犯」とみる。
☑ ルール指導は確実に、短く、何度でも。

けんかでの反抗的な言葉遣いには……

「正論で押す」より「まず共感」

学級でのけんかの場面。止めに入ったら「うるせえ、関係ねえだろ！」とものすごい言葉遣いで返してきました。

あなたなら、どんな風に対応しますか。

ハジメテ先生

「何だその言葉遣いは！」と相手の非を責める。

こちらは子どものためを思って声をかけたのに、何という態度と思い、頭に来て怒鳴り返してしまいました。けんかの内容もそっちのけです。もう一人のけんか相手の子どもは、ぽかんとしています。

一通り乱暴な言葉の応酬が終わり、少し冷静になって「で、なんでけんかしてたの」と問いかけても、もはや無視。いつのまにかハジメテ先生とのけんかになってしまい、元々一体、誰と誰がけんかしていたのかもよくわかりません。けんかの解決にもならず、先生との関係が険悪になって終わってしまいました。

ベテラン先生

まずは共感を示し、落ち着かせる。

「C君、何でそんな怒ってるの？」

最初の言葉はとりあえず置いておき、まずは怒っているC君の気持ちを聞くベテラン先生。これに対し、「うるせえ。うるせえ。関係ねえ。」と相変わらずのけんもほろろな態度のC君。

「関係ないの？関係あるでしょ。私はあなたの担任なんだから。うちの子でしょ。」と穏やかにかつ真っ直ぐ目を見つめて言い返すと、C君はむっとしながら目をそらします。すると「こいつが悪いんだ。」と相手の子どもの非難を始めました。よくよく話を聞くと、ただの言葉のすれ違いによるけんかです。

ベテラン先生は双方の話を順番に聞いている間「なるほど。」「それは嫌だったね。」「傷つくね。」「私も言ったことあるなあ。」とひたすら共感の言葉を繰り返していました。

最後に「どうしようか？」と投げかけると双方「謝る。」とのこと。「じゃ、後は二人で大丈夫だね。」とその場を去っていきました。

か？

▼ここがポイント！

要は、相手の怒りを受け容れつつ、その後で話すことです。落ち着かせることです。ところで反抗期の子どもに「うるせえ、くそばばあ。」と言われたら、どう返しますか？

「日本学級経営学会」のセミナーでの、講師の川上康則先生の問いです。この言葉にまともに返すとけんかになります。その解答例が秀逸です。

「くそをしないばばあはいません。」「ちゃんと女だと思ってくれてるのね！嬉しい！」こんな風に、反抗期にはユーモアのある切り返しができたら最高です。ちなみに私の場合だったら「まあまあ。くそがきとくそじじい同士で、ちょうどいいでしょ。」です。言葉そのものよりも、冗談とわかるように普段から関係性を築いておくことの方が大切です。

☑思春期特有の反抗的態度には共感から。
☑できればユーモアで切り返す。

学力差が大きい授業場面では……

「待ってあげる」

より

「どんどん進む」

算数の授業で問題を解く場面。授業を進めようにも、特に高学年は問題に対して解く速さが個々で全く違います。あっという間に終わってしまった少数の子ども、途中までいい調子で進んでいる大半の子ども、まだ何も書けない子どもも存在します。あなたなら、これらの子どもたちにどう投げかけて授業を進めますか。

ハジメテ先生

先に進むより我慢して立ち止まらせて、わからない子どもを優先する。

真面目で優しく、熱血漢のハジメテ先生。わからない、できないままの子どもを置いて進むなんてできません。丁寧に個別に回って教えていきます。しかしどんなに熱心にはりついて教えても、算数が苦手な子どもは簡単な計算すら時間がかかり、進みません。

そうこうしているうちに、教室内がざわつき始めました。先に終わった子どもが暇を持て余し、おしゃべりを始めています。小さなざわつきは次第に広がり、大騒ぎとなりました。

「静かにしなさい！」ハジメテ先生の全力の大声も、喧噪の中にかき消されました。

ベテラン先生

速い子どもに合わせて全体で進む。同時にゆっくりな子どもも引き上げる。

「練習問題を解きます。早く終わった人は黒板に書きに来ます。」

課題を出して即活動開始。早く終わった子どもは前に書きに来ているので、誰が終わっているかは一目瞭然です。ベテラン先生は子どもが黒板に書いている間、机間巡視をして遅れている子どもに対し短く個別指導を入れています。

「黒板に書いた人は、オリジナルの文章問題を作ったらまた前に書きに来ます。なるべく簡単そうに見えて、ひっかかる問題がいいですね。できたら一度見せに来てください。」

見せに来る子どもに対応しながら「○○さんが作ったにしては、簡単すぎるね。もう一問作って。」「いいね。前に書こうか。」と声をかけています。

教室を見回すと、終わった子どもたちの一部が、遅れている子どもに教えている姿が見られます。「ここ、どうしてこうやったの？」「おしい。ここだけもう一回。」などと声が聞こえます。結果的に、全員が共通課題を終わり、発展問題を解く子どももいました。

▼ここがポイント！

学級の学習進度を、遅れている子どもに合わせる。一見、親切で思いやりに溢れる行為のように見えます。しかし多くの場合、**「有り難迷惑」になっているのが事実**です。

どういうことかというと、長時間先生がはりつくような個別指導は「この子が全体の遅れの原因」という「フラグ」になっているということです。周りに宣伝しているようなものです。本人にも感謝どころか、疎まれ、恨まれている可能性があります。

基準を、速い子どもに合わせます。そうすることで、自然と中間層が引き上げられます。それに伴い、周りに教える余裕のある子どもが生まれ、結果的に一番遅れて困っている子どもたちを助ける層ができます。教える側の経験もでき、W－I－N－W－I－Nの関係です。

☑ 高学年は、はりつき個別指導を好まない。
☑ 速い子どもに合わせて全体を引き上げる。

宿題を出す時は……

「一律」より「個別・選択」

毎日の決まった量の宿題。ある特定の子どもたちにおいては、毎日のように、きちんと提出されません。終わっていなかったり、最後までやっていてもいい加減だったりします。
あなたなら、この状況に対しどんな風に宿題を出しますか。

ハジメテ先生

「努力が足りない」と考えて、励ましてやらせる。

そもそも、低学年の頃はできたらしいということなので、音読やら漢字やら計算やらと、様々な宿題を試して出してみました。普段の様子を聞けば、帰ってから遊ぶ時間があるのだから、宿題もやれるはずという考えです。

案の定ですが、一向にやってきません。やっていても中途半端で、毎回「時間がなかった」「やれなかった」との返答。やがて、やらないのが当たり前になってきました。

そうこうしているうちに、周りの子どももやらなくなり、指導しても「あの子だって」という返答。宿題は出さなくてもよいというような、ぐずぐずの状態になってきました。

ベテラン先生

授業で間違えたところを直す、といった個別で量の変わる課題を出す。

ベテラン先生は、現代の子どもが放課後に塾や習い事に奔走しており、大人以上に忙しい毎日を送っていることを知っています。遊ぶ時間すらほとんどないのです。宿題を出そうにも、一律の計算問題ではその時間差がすごいことになります。また塾通いの子どもは、塾の宿題もあり、夜遅くまで寝るのを我慢してやっているようです。

そこで日々の宿題を「授業中に間違えたところを直す」というだけのものにしました。基本的に提出は自由ですが、間違いの多い子どもたちには、時々個別に声をかけてドリルをチェックします。やっていなかったら、子どもと相談し、休み時間にやってしまうか、家でやってきて明日提出するか、選ばせます。

この宿題は、塾通いでみっちりやっている子どもにとってはほぼ「宿題なし」になります。授業中に努力すればいいのです。漢字も授業中に覚えてしまって、百点がとれる状態を作っておけばなくなります。結果的に、全員が授業中に集中するようになりました。

▼ここがポイント！

「共通課題」に対して、子どもにとっては個別の難易度であるという認識が必要です。つまり、同じ課題でも、ある子どもにとっては簡単すぎるし、ある子どもにとってはかなり難しいということです。当たり前のことなのですが、見落とされがちな点です。

課題の難易度は、量と質で決まります。特に進度が速い子どもには、量より質で対応した方がいいです。算数の「難問」等を時々用意して自由宿題として出すのも手です。**場合によっては、自分で持っているテキストや塾の宿題でやったものをもってこさせ、それを黒板に書かせて**、早く終わった子どもに発展問題としてやらせることもできます。

宿題そのものの意義や必要性から見直すことが大切です。

☑ 宿題にも負担に合わせた選択肢を。
☑ 授業にプラスの影響が出るようなものを。

時間を守るといった当たり前の指導は……

「お説教」より「問いかける」

授業開始時刻に関わらず、学級の半数の子どもが席についていません。授業を始めようにも始められない状況。明らかにわかっているはずなのに、一向に席につきません。
あなたなら、この状況に対し、どうしますか。

ハジメテ先生

とりあえず黙って待つ。席に全員ついてから、お説教を開始。

黙って待っているのが大切、ということを聞いたことがあり、待つことにしました。しかし、いつまで待っても、席につかず、次第に待っていた子どもたちもおしゃべりを始めました。業を煮やして「席につきなさい！」と大きな声を出すと、やっと座りました。

「そもそも、高学年だったら時間を守るのは当たり前、大体いつもだらしない……。」そんな話をしているうちに、開始時刻から十分が過ぎました。最初から座っていた子どもの「先生、時間なくなるので、そろそろ始めませんか。」という言葉に対し、またお説教が始まり、授業は半分以上潰れました。そして翌日の授業開始も、やはり同じ状況でした。

ベテラン先生

問いかけ、考えさせて、子どもの言葉で言わせる。

ベテラン先生は、まず、座っている子どもたちに静かに話しかけました。

「なぜ、こんなに座らない人がいるのでしょうね。」

「気付いていないのだと思います。」「そうかもね。」「みんながやっているから大丈夫、と思っているのかも。」「そうかもね。」……そんなやりとりをしているうちに、ばつが悪そうに周りの子どももぽつぽつと座り始めました。

「さて、時計を見ましょう。二分過ぎています。どうしてこうなったのか、自分なりの答えが決まった人は立ちなさい。」約十秒の沈黙の後、全員が立つのを確認しました。

立っていたEさんを指します。「時刻に気付かなかったからです。」「同じ答えの人は手を挙げます。座ります。」続いて、立ったままのF君を指すと「みんなが座らないから、いいやと思って。」「同じ答えの人。挙手。座ります。」

「どちらがより悪いですか。」「なぜですか。」……やりとりが終わる頃は既に十分が過ぎていましたが、次からは授業開始時刻を全員が守るようになりました。

▼ここがポイント！

時間、約束は守る。悪口、暴力、盗みはいけない。高学年の子どもは、全部知った上でやっています。そこを再度説教しても、無駄なのです。

行為を振り返り、なぜそうしてしまったのか、次はどうするとより良い結果が得られそうかを、子ども自身の頭で考え、子ども自身の口から出させることが大切です。

ベテラン先生は、最初にきちんと座っている子どもに話しかけています。まずこの子どもたちの行為を認めているのです。正しい行為の子どもを先に相手にしています。続いて、正しくない行為をした子どもを中心に、その理由を考えさせています。理屈抜きに当たり前だと思っていたことを問いかけられると、初めて真剣に考えることになります。お寺の禅問答のようですが、これが思考力の高まる高学年には特に大切です。

☑「当たり前」を見直させる。

☑より良い行動を自ら選択できるようにしていく。

第2章

高学年
クラスの仲間づくり

体育の授業で男女を協力させたい時は……

「自然に」より「意図的に」

体育の時間、準備運動として「氷鬼」の変形の「馬鬼」をしました。つかまったら馬跳びの馬の姿勢になり、仲間に跳んでもらえると助けてもらえるルールです。しかし、男子は男子同士、女子は女子同士でのみ、タッチしたり助けたりする姿が見られました。

あなたなら、どんな風に投げかけますか。

ハジメテ先生

「もっと男女が協力して」と直接指導する。

男女混ざって活動してほしいと思ったハジメテ先生は、そのまま思いを伝えました。

しかし、二回目、三回目と繰り返しても、動きは変わりません。むしろ、一回目よりもどんどん男女の分離が進んでいきます。

「男女が協力しないとダメだよ。」「しっかりやって！」

言えば言うほど、しらっとした雰囲気が流れていきます。

結局、最後には先生が怒っただけで、何も変わらないままこの活動が終わりました。

ベテラン先生

ほめて価値付け&ルールで理由付け。

まず一回目が終わってから全員を集め、次のように言いました。

「仲間を助けた人?」「男子で女子、女子で男子を助けた人?」

すると、少数ですが、手が挙がります。そこをすかさずほめます。

「この人たちは、差別をしない人たちですね。素晴らしいです。では、もう一度。」

これを繰り返していくうちに、どんどん男女が混ざっていきました。

さて、それでも混ざらない場合もあります。その時は、ルールで対応していきます。

「次はルールを変えます。男子は女子、女子は男子のみ助けられます。」

これで、動きががらっと変わりました。助けないと、ゲームが成り立たないからです。

助ける理由ができた訳です。また集めて、次のように伝えます。

「仲間を助けた人?仲間の役に立てたね。男女が助けあえるクラスって素晴らしいね。」

笑顔で気持ちよく活動を終えることができました。

▼ここがポイント！

実はこの現象は、高学年のみならず、一年生でも見られます。かなり小さい頃から男女の違いを感覚的に意識しているようで、自然と分離が進んでいきます。

しかしこれから先のあらゆる活動を見据えると、男女が交流し、協力してほしいところです。特に高学年は学校全体に関わる活動が多いので、なおさらです。

ポイントは、教師による価値付けと理由付けです。「男女が協力するのは良いこと」という価値を伝えて共有します。促すだけで動かない場合、ルールにして「先生がそう言うなら仕方ないな」という言い訳を与えます。本当は混ざりたいのに、気恥ずかしい面もある訳です。「そうまで言うならしょうがないなぁ～」という雰囲気を作るのがコツです。

- ☑ 教師が「混ざる理由」を与えてあげる。
- ☑ 「先生が言うから仕方ないな」で壁を取り払う。

クラスレクの時は……

「来たい人だけ」より「みんなで」

学級の仲を深めるためにみんなで遊ぼうという話になることがあります。

大抵の場合、レク係などが中心となって企画をし、休み時間等に行うことでしょう。

ここで必ず起きるのが「参加は義務ですか。」という質問。レク係の子どもがせっかく企画してくれているしという思いがある一方、「強制的」な参加をさせるべきかは考えもの。


あなたなら、どんな風に投げかけますか。

ハジメテ先生

子どもの意思を尊重。「来たい人だけでいいよ」と伝える。


高学年だし、自分の意思を尊重してあげたいと思ったハジメテ先生。

「来たい人だけでいいよ。」と理解のある対応を見せました。

「先生の許しが出た」ということで、例の「義務ですか」発言をした子どもは、以後全く参加しません。それどころか、全体的にしらっとした雰囲気になってしまい、参加者もどんどん減って、結局全員で遊ぶ機会はなくなっていきました。

ベテラン先生

「せっかくだから、みんなで」と全体を巻き込む。

「義務ですか」発言から、何となく「面倒」という雰囲気を察したベテラン先生。

「せっかくだから、みんなでやれば？」とやんわり全員参加を促しました。

その裏には「レク係の活動を尊重して協力することが、他の係の活動の活性化にもつながる」という思い、「遊びにうまく入れない子どもを自然に巻き込める」という思いがありました。

ただし、高学年で反対者がいる場合にトップダウンで命じると、後で大きな反動があることを知っています。そこで、学級会の話し合いを通して決めることを促しました。結局「週1回、水曜日の業間休みだけは全員で遊ぶことにする」という折衷案に収まりました。

▼ここがポイント！

結論から言うと、休み時間は本来個人の自由時間であり、行動を強制されるものではありません。しかしながら個人主義の精神で押していくと、どうしてもクラスの分離が進みます。仲間のために一肌脱ごうという共同体感覚が失われていきます。職場と同じです。

ハジメテ先生の対応は、一見**個人を尊重しているようで、実は「強い者」に照準を合わせてしまっています。実はここで本当に配慮すべきは、自分で声を上げられない人たちです。**

クラスの中に、人見知りで、引っ込み思案な子どもはいませんか？この子どもたちは、自分から遊ぼうと声をかけるのは苦手で、様々な相手と積極的には交流しようとしません。この手の子どもにとっては、機会こそが大切です。前項の男女の交流と一緒で「やると決まったなら仕方ないね」という大義名分があれば動けます。本当はみんなと遊びたいと密かに思っている子どもたちには特に助かる理由です。週1程度ならば、大きな抵抗もなく続けることができます。子どもたちが話し合って決めた、ともっていくのがベストです。

☑ **みんなで遊ぶ機会を、大義名分で作る。**
☑ **実施には話し合いを通して無理のない頻度で。**

ペアや全体での交流の場面では……

「勇気を出して」より「安全・安心」

学級では、授業中をはじめ、様々な場面で子ども同士の交流があります。ペアで話す、グループで何か活動をする、全体の場でどんどん交流していく。

しかし、これらの活動をしようとすると、うまくできない子どもたちがいます。

例えば体育の授業で「二人組を作りましょう」といっても、なかなかできない時。

あなたなら、この状況に、どんな風に投げかけますか。

ハジメテ先生

「勇気を出して！」と感情論と根性論で迫る。

とにかく気持ちの持ちようだと思い「勇気を出して！」と促しますが、動きは全く変わりません。ペアを作れない数人が、もじもじしながら、互いの様子を伺っています。何か、変な空気が流れます。「誰とでもいいんだよ。」という言葉も虚しく、焦りから「早くしなさい。」と叱り出し、余計に空気が悪くなっていきます。

毎回これで時間だけが無駄に過ぎていき、肝心の活動時間はどんどん短くなりました。

ベテラン先生

交流ルールを決めて「安全・安心」を担保する。

いきなり自由にペアを作らせないで「教室の隣の席の人とペアで座ります。」から始めました。この指示では、必然的に相手が決まります。次に「今のペア同士でくっついて四人組になります。」「四人組からさっきとは違う男女の二人ペアに分かれます。」とどんどん条件を変えていきました。

活動が進む中で「まだ組んでいない人と男女混合三人組」という条件を出したところ、最後の一グループがうまくいきません。そこで「周りの人、座って見ていないで、どうすればいいですか。」と促すと、さっと他の三人組の一人とメンバーの組み替えが起き、動いた子どもを大いに称賛しました。

やがて人数も5人、10人とだんだん増やしていき、その都度互いがふれ合うような短い活動を入れていきました。

最終的には「○人組で座ります。」という指示だけでスムーズにグループを作ることができるようになりました。

▼ここがポイント！

子どもたちがうまく交流できない理由。それは、心がけの問題ではなく、交流ルールの欠如が主な原因であることが多いです。安全・安心が確保されていない状況では、交流しようとは思えません。なので、交流のルールをこちらで示し、慣れさせていきます。

例えば、強い女子グループのような存在がクラスで幅を利かせている場合、安易に誰とでも組もうとするのは子どもにとって「危険」です。後で何か言われる可能性があります。

そこで必要なのは、最初は「選択肢がないこと」です。ペアも必然的に決まるのだから、しようがありません。そこから始めて、徐々に選択肢を広げて委ねていけばいいのです。

個々のレベルが高い集団であれば、すぐに誰とでも組めるし交流できますが、それは、互いをよく知って交流ルールも定着する二学期以降に求める姿になります。

☑ **交流のベースは「安全・安心」。**
☑ **最初は選択肢をなくし、徐々に委ねていく。**

宿泊学習のグループ作りの時は……

「完全な自由」

より

「条件付きの自由」

高学年では、宿泊的行事が入ってきます。ここでの子どもの強い関心事は、「誰と同じグループになるか」「宿泊する部屋のメンバーは誰か」ということです。子どもからは「自由がいいです！」と大きな声が聞こえてきます。

あなたなら、この声に対し、どんな風に返しますか。

ハジメテ先生

「君たちで決めていいよ」と完全に自由に決めさせる。

高学年だし、自分たちで決められるだろうと判断したハジメテ先生。子どもへの信頼の証として、「完全自由」を許可しました。

その子どもを信頼する感じは素晴らしいのですが、実際クラスの子どもはそこまで育ってはいませんでした。仲良しの友だちがいないAさんやB君、人付き合いが苦手で引っ込み思案のCさん等、数人がうろうろしていつまでも決まりません。そこに対してのいらつきも雰囲気として伝わり、「Aさんと誰か組んで」と先生が頼む事態になってしまいました。

ベテラン先生

「条件付きの自由」で最初にねらいとルールを明示して作らせる。

子どもの言う通り自由にしたらどうなるか見通しのついているベテラン先生。

まず最初に「宿泊学習をグループで行うことで、何を学べますか。」と問いかけました。

「役割分担」「協力」といった答えが返ってきます。

「そう。これからの社会で活躍するためには、集団における自分の役割を果たし、誰とでも協力できる力が必要です。それを学びます。特定の人だけとしか協力して活動できないのでは、わざわざ泊まりがけで学びに行く意味がないのです。」とねらいを告げました。

「どのようにグループを作れば、ねらいが達成できますか。」

子どもからは「完全にくじ引きにする。」「男女二人ペアだけは自由に組んで、あとはくじ引き。」「活動グループはくじ引きで、部屋だけは自由にする。」といった案が出ました。

多数決によって最後の案が支持されたので、「自由というのは責任がセットでつきます。困る人を出さないのが責任です。どこに入るか迷っている人がいたら、人数が足りていない部屋の人がお願いして入ってもらいなさい。」と告げ、無事に決めることができました。

▼ここがポイント！

子どもに自由に決めさせるというのは、実は大きなリスクを伴います。なぜなら、仲間外れが出た場合、その責任を負うのは結局担任だからです。子どもはそこに責任を負えません。ですから、もし自由を与えるにしても、必ず条件が必要です。

クラスの誰も傷つかない方法で自由を与える必要があります。「自由」を主張して求める子どもは、実は自分には固定化された仲間がいて、安全であることがほとんどです。自由にされた時に一番困るのは、クラスで一番苦しんでいる子どもです。担任は、その苦しんでいる子どもに寄り添うという視点を絶対に忘れてはいけないのです。

宿泊学習でのグループ決めは、クラスがまとまるかバラバラになるかの大きな分岐点になります。十分に作戦を練って本番に臨み、決めるようにしましょう。

☑ 大きな自由には大きな責任が伴うことを学ばせる。
☑ クラスで一番苦しんでいる子どもに寄り添うこと。

席替えの場面では……

「どうしようか？」より「何のため」を問う

席替え。どの程度のペースでやっているでしょうか。「前の担任の先生は、自由に席を決めさせてくれた」と言っています。

あなたなら、どんな風に対応しますか。

ハジメテ先生

「どうしようか？」と投げかける。

理解のあるところを見せたいハジメテ先生。しかし、座席が自由では、授業中に自分が困ることが目に見えています。

そこで、「どうしようか？みんなはどうしたい？」と投げかけました。**すると一気呵成に元気のいい子どもたちが次々と声を上げ**、「お見合い」という方法を提案しました。先に男子が自由に席を決め、後に女子が自由に席を決めます。うまくできたと思いましたが、元々仲のいい同性同士が近くにいるため、授業中は無駄なおしゃべりの嵐。

次の席替えでは先生が「今度は私が決めます。」と宣言しましたが、「何で先生が決めるの？俺らで決めさせてよ。」と強気な態度。子どもに主導権を奪われてしまいました。

ベテラン先生

ねらいを考えさせた上で、どうすべきか考えさせる。

ベテラン先生は、子どもにしばしば「何のためにするのか」を考えさせます。

次のように問いかけました。

「席替えは何のためにするのでしょう。」

子どもたちは口々に「色々な人と交流するため」「気分転換」などと答えました。

そこで今度は「座席を決める時に、最も考えるべきことは何ですか。」と問いかけます。

すると「授業に集中できること」「今まで一緒になったことのない人と一緒になること」という答えに行き着きました。

授業に集中して様々な人と関わるには、自由な座席ではなかなか上手くいきません。

そこに気付いた上で「くじ引きだとどうなりますか。」と聞いたところ、「いろんな人と関われる可能性がある。」、「先生が決めた場合は?」と聞くと「授業に集中できる。」「背の高さや視力などに配慮して決めてくれる。」といった声が上がりました。結局、視力等で前に行く必要がある人を先に決め、残りはくじ引きという方法で落ち着きました。

▼ここがポイント！

座席の最大の役割は、授業に集中できることです。加えて、隣の人や班の仲間との交流という役割ももちます。無闇に子どもの自由にすると、確実に授業中の無駄なおしゃべりが増え、特定の同じ仲間とのみ交流し続けることになります。それを自制できるほどに育っているのなら、自由にもできます。

つまりは、レベルに応じて変えていけばいいということ。誰とでも何とかやっていけそうだ、またはトラブルが起きても解決できそうだと思うなら、くじ引きでもいいでしょう。そうではなく、学習面でも交流面でも心配があるなら、教師の側で意図的に場所を指定します。授業に集中しない、いじめや差別の心配があるのは、自由の段階ではない訳です。

席替え一つにも意図をもち、子どもとそれを共有しておくことが大切です。

☑ 座席は「授業への集中」を第一に決める。
☑ 段階に応じて自由度を高めていく。

けんかの場面では……

「介入しすぎ」より「適度にやらせる」

休み時間が終わり、教室に戻ると、何やら言い争っている二人がいます。事情はわかりませんが、けんかが起きているようです。間もなく次の授業開始時刻です。

この場面、あなたならどんな風に投げかけますか。

「けんかはやめなさい」と言って仲裁に入り、詳しく話を聞いてあげる。

クラスのトラブルは担任の責任。すぐに「けんかはやめなさい。」と仲裁に入りました。他の全員に「自習」と告げて、二人の話をじっくり聞いてあげました。しかし、お互いに「あいつが悪い」を繰り返し、話はずっと平行線。いつまでたっても全く収まりません。仕方なく「また放課後」ということで、途中で切り上げました。教室に戻ると、騒乱状態。騒いでいたことに対し、全員にお説教をしました。

放課後にまた二人を呼んで話を聞き続け、「お互い悪い」という形にしてしぶしぶ収めました。しかしクラス内でのけんかは、日を追う毎にますます多くなっていきました。

ベテラン先生

一旦気が済むまでやらせて、後でどうなったかを聞く。

まずは二人に対し「何かあったみたいだけど、大丈夫?」と尋ねました。

どうやら、全く気が収まらない様子。「もう少し二人で話し合っておいで。教室は授業を始めるから、廊下でね。話が済んだら授業を受けに戻って来て。もし二人で解決が無理そうなら、助けるから。」と伝えました。廊下なら、二人の話し合う様子が見えます。

とりあえず授業を始めてしばらくすると、二人が戻って席に着きました。

授業終了後、二人に事の経過を聞くと、お互い「自分も悪かった」ということで謝ったとのこと。「何か先生に知っておいてほしいことはある?」と聞くと「ないです。」との返答。けんかはできれば避けた方がいいが、二人で解決したことを大いにほめました。

▼ここがポイント!

怒りの感情というのは、論理や説得で収まるものではありません。まして思春期真っ直中にある高学年の子どもたちに、「怒るのはよくない」というような理屈だけで通すのは無理があります。「ごめんね」「いいよ」のような表面的なやりとりも当然通用しません。先生が仲介して「解決」したように見えても、実は子どもたちには何の力もつきません。それどころか、問題の根が深くなることがほとんどです。子どもたちにつけるべき力は、問題を起こさないことではなく、問題解決能力の方なのです。

実は、ベテラン先生の側は、常に下地を作ってあります。それは「けんかをしないクラスより、けんかを解決できるクラスの方がいい」と、普段から伝えておくことです。共通理解がなされています。また、すぐに直接介入しないのも、子どもを見放しているのではなく、信頼しているから任されているのだとわかってもらっている必要があります。

適度なけんかは歓迎するぐらいのつもりで、堂々と構えていきましょう。

☑ 適度なけんかはさせておく。
☑ 問題解決能力を身に付けさせるチャンスと捉える。

クラスにいじめがありそうな時は……

「いじめは**やめよう**」

より

「見えないから**教えて**」

学級の様子が何かおかしい。妙にぎくしゃくしています。
どうやら、先生の目に見えないところで、いじめが起きているようです。
あなたなら、この状況に対し、どんな風に子どもに投げかけますか。

ハジメテ先生

「いじめはいけない」と直接指導する。

ハジメテ先生にとって、自分のクラスでいじめがあると知ったことがとてもショックでした。いじめはいけない。当たり前のことです。だから、はっきりと「このクラスにはいじめがあるようです。いじめはいけないこと。今すぐやめましょう。」と伝えました。

子どもたちは神妙な顔をして聞いてくれていました。それでも心配なので、休み時間に見回ったり、放課後にパトロールに出かけたりして、情報収集に努めました。

努力の甲斐もあって、いじめは表面的にはなくなったようでした。しかし水面下ではいじめは続き、ますますひどくなっていきましたが、ハジメテ先生は気付かないままでした。

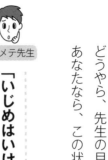

ベテラン先生

「先生にいじめが見えていない場合は教えて」と頼む。

ベテラン先生は、次のように子どもに問いかけました。「先生は、クラスからいじめで苦しむ人をなくしたいと思っています。でも、先生にはいじめが見えていないかもしれません。なぜだと思いますか。」

子どもたちは口々に「ずっと一緒にいる訳ではないから」「いじめる人はわからないようにやるから」といったことを言いました。

「その通りです。先生には、全ては見えません。まして、隠そうとしながらやっていることは、なおさら見えにくいです。しかし、必ず見えている人がいます。誰ですか。」

「本人たち。」「そうです。だから、やられている人が直接助けを求めてくれるのが一番。でも、それが難しいこともあります。次によく見えているのは誰ですか。」「周りにいる人。」「その通り。どんなに隠そうとしても、皆さんには見えているはずです。見えているなら、助けるために教えてください。それは告げ口ではなく、困っている人を助けたいという思いから来る、勇気ある行為です。一緒に、いじめを解決していきましょう。」

▼ここがポイント！

何より大切なのは、「教師にはいじめが見えない」「どんないい学級集団にもいじめは起きる」という自覚です。これがないと、まず問題発見に至りません。見えない、起きるという自覚があれば、周りに協力を求めることになります。子どもたちにはもちろん、保護者にも素直に情報を求めるようになるでしょう。そうすれば、いじめキャッチの情報網が桁違いに広がり、いち早く気付けるようになります。

「いじめがあるのは学級経営が悪いからだ」といった勘違いをして担任一人が抱えてはいけません。管理職や学年主任をはじめ周りの先生に助けを求め、連携して解決します。

一番怖いのが「うちはいじめのないクラスです」という勘違い。そう思い始めた時、相当にいじめは進行していると自覚し直してください。

☑ 教師にいじめは見えない。
☑ いじめが起きる前提で、周りに協力を仰ぐべし。

第3章

高学年
生活場面の指導

朝の会では……

「元気出して！」

より

「元気が出る会」に変える

朝の会の場面。あいさつ、歌、健康観察、日直のスピーチ、先生の話という流れで進んでいきます。低学年から同じ流れです。決して悪くはないのですが、ややだれた雰囲気が感じられます。朝の会の意義からして、もう少し活気がほしいところです。

あなたなら、どんな対策をとりますか。

ハジメテ先生

「もっと元気出して!」とはっぱをかける。

雰囲気が良くないことを察したハジメテ先生。持ち前の若さを発揮して、爽やかに「みんな、もっと元気出していこう!」と全体に向かってはっぱをかけていきました。

しかし、昨日の習い事の疲れを引きずった子どもたちは、ただでさえ「だるいモード」。朝から気合いを入れようという気にもなりません。それでも何とか注意や叱責はしないように、努めて明るい声をかけていきますが、最終的に「何か先生ばっかり気合い入ってるよね。」と言われてしまうはめに。だれた雰囲気が変わることはありませんでした。

ベテラン先生

「元気が出る会」を企画させる。

昨日の疲れを引きずって登校していることを見抜いているベテラン先生。気合いだけでは解決しないと判断し、次のように投げかけました。

「朝の会は、今日一日みんなでがんばろうというスイッチを入れるための時間です。どんな会にしたら、それが実現できますか。」

子どもたちは学級会で話し合って会の内容を見直すことにしました。あらかじめ「健康観察は絶対に入れる」という条件だけは提示してあります。「スピーチは？」「それはやりたい！」「でも苦手な人もいるよ。」「苦手でも、自分を表現する貴重な機会だし。」「朝の歌も同じだね。」「歌ってそもそも元気を与えるものだし、これはやっぱり入れた方がいいと思う。」……等々なぜそれをやっていたのかという、根本的な意義から考え始めました。

そのうち「会の中にお楽しみみたいなものがあれば、みんな元気になるんじゃない？」「係を決めて、簡単なレクとかクイズをするのは？」とアイデアが広がっていきました。

その後、実施と見直しを繰り返し、活気溢れる朝の会になっていきました。

▼ここがポイント！

極論、朝の会と帰りの会をやる必要はないという考え方もあります。これには一理あって、そもそも何のためにやるのか、先生の方もはっきり自覚していないことがあります。前からやっていたからという、惰性でやっていることが結構あります。一つ一つに意義とねらいがあり、必要だからやっているはずです。要らないものなら、切ってもいいのです。

高学年なら、会の意義からメニューまで、自分たちで考えることができます。決められたものより、自分たち発のものなら進んでやるという高学年の特性を生かします。

例えば子どもの係活動で、漢字クイズをやっていた年もあります。ランチ係がその日の給食に関連して「秋刀魚」「鰊」「鰺」といったものを出したり、生き物係が植物に関連して「向日葵」「芒」「蒲公英」といった問題を出したりして、みんなで楽しんでいました。

☑ 会の内容は、条件だけ示して子どもに決めさせる。
☑ 子どものアイデアを存分に生かして。

朝の歌では……

「歌わない子どもを叱る」

より

「一緒に歌ってほめる」

前項とも関連しますが、「朝の歌」を実施しているクラスが多いと思います。

しかし朝の歌の際、一部の子どもの歌声を除いて、聞こえるのはほとんどＣＤから流れる歌声ばかり……。大部分の子どもは何となく歌っている風で、一部の子どもたちはあからさまに歌っていません。

こんな時、あなたなら、どんな指導をしますか。

ハジメテ先生

「もっとしっかり歌って！」と指導する。

朝の歌で歌うのは当然のことだと思い、ここはびしっと指導をしました。

「もっとしっかり歌って！」

しかし「口を開けて」「声を出して」「ちゃんとやって」と言えば言うほど、子どもたちの歌声はしぼんでいきます。やがて、最初は歌っていた数人も歌わなくなり、ＣＤの歌声だけが美しく響く、「朝の歌」ならぬ「朝のＣＤ鑑賞」の時間になっていきました。

ベテラン先生

自分も一緒に歌って「○○さんの歌声はすごいね！」で終える。

高学年にもなると、歌わない子どもだけでなく、歌いたくても歌えない子どももいると知っているベテラン先生。

そこでまずは率先して、自分も一緒になって思い切り歌ってみせました。すると、つられて歌う子どももちらほら出始めました。歌っている間は、声をかける代わりに、その前向きな子どもたちに向かって、目で合図を送っています。「いい声出てきたね！」「表情が素敵！」「がんばって歌おうとしているね。」……先生のメッセージが伝わっていきます。

歌を終えると、びっくりしたような表情をして次のように話しました。

「こんなに気持ちよく歌える人が多い○組のみんなは、とっても素敵ですね。それに、すごくいい歌声の人、素敵な表情の人がいるのに、みんな気付いていましたか？（うんうんと頷く子どもたち。）一緒に歌っていて、それだけで楽しくなってしまいました。歌を歌えるクラスは、いいクラスですね。」

やがてクラスの過半数が歌うようになり、全員で歌うのが当たり前になっていきました。

▼ここがポイント！

高学年が歌わないのは「普通」の姿で、意識的に指導しないと自然とそうなります。

基本的戦略としては、歌える少数の子どもを先に育てていくことです。少しでもやろうとしている前向きな子どもを見て留める（＝認める）ことです。ニコニコしながら指導して、ニコニコしている子どもを一人でも増やすことです。そういう雰囲気を作るのが、一番の近道です。またここは叱らない方がいいところです。叱ると、どうしても雰囲気が悪くなり、そうするとどうしても歌えません。朝の歌は、弾むような心が必要です。

もう一つ、最後まで残る少数の歌わない、または歌えない子どもに対しては、あまりこだわりすぎない方が良いです。それよりも、全体の雰囲気を上げるのを優先します。そこで1ミリでも良くなったら、すかさず認めてあげるに尽きます。

☑「好きこそものの上手なれ」の精神で。
☑「楽しいものだから歌う」という雰囲気を作る。

掃除の指導場面では……

「やるのが当たり前」

より

「掃除ができる人はすごい」

掃除の時間、一部の子どもだけが真面目にやっていて、後は大半が適当または完全にさぼっている状態です。ひどいとおしゃべりしたり、遊んだりしている子どももちらほら見えます。高学年だと特に、割とよく見る光景です。

あなたなら、どんな風に指導しますか。

ハジメテ先生

「真面目にやりなさい」と注意して回り、全体にもお説教をする。

掃除は子どもたちにとって義務だし、きちんとやらせたい。そう思って、さぼっている子どもを中心に声をかけていきました。しかし、一旦言うことを聞くものの、教師が目を離している隙にまた遊びはじめます。教室で指導しても、離れた掃除場所を指導しているうちに、また遊び始めます。もぐらたたき状態です。

掃除終了後も、全員に対して注意をしました。どんなに見回りを強化して、お説教を厳しくしても、その後、状況が改善されることはありませんでした。

ベテラン先生

いつも真面目にやっている子どもに感動を伝える。

何においても、まずは真面目にやっている子どもを優先するベテラン先生。「高学年で掃除をさぼり始めるのは当たり前」と考えて、不真面目な子どもは一旦相手にしません。その代わりに、いつ見ても、目立たず地味に床ふきをしているA子さんに、自分も床ふきを隣でやりながら、こっそりと声をかけました。

「あなたがさぼっているのを見たことがない。周りに流されず、いつも自分のやるべきことをやっている。本当に立派だと思う。あなたはすごいね。」

他にも、きちんとやっている子どもを中心に「いつも熱心ね。」「きれいにすると気持ちいいね。」と個別に声をかけていきました。隣であからさまにさぼっていた子どもは、なぜか注意の声すらもかけられないので、不安になります。やがて、少しずつやるようになったところで、同様に認める言葉をかけていきました。

やがて全体に少しずつ変化が見られ、まださぼる子どもはいるものの、先生が見ていようが見ていまいが、やることはやるという雰囲気がクラス全体に醸成されていきました。

▼ここがポイント！

歌の指導と原則は同じで、「まず教師も一緒にやる。まずきちんとやっている子どもを認めていく」というのが基本になります。歌との違いは、全員が「できない」ということはないということ、一部のがんばりでも割としっかり作業が成立してしまうところです。

掃除は、大人を見ても、生来大好きという人もいれば、全くやらないという人もいます。ここを無理に変えようとしないという心構えが大切です。

声かけのコツは、「個別にこっそり」です。真面目にやる子どもは目立ちたくない子どもも多く、全体の前でほめられると、逆に迷惑に思うことがあります。

「自分も一緒に床ふきをやる」というのもポイントです。視点が子どもと同じになり、様々なことを発見できます。

☑自分も一緒に床ふきをやって、視点を下げる。
☑「すごい子ども」を見つけて、こっそり声をかける。

忘れ物指導では……

「次気を付けなさい」より「貸してあげる」&チェック

学級で、毎日のように忘れ物が出ます。それも、特定の子どもが忘れ続けるだけでなく、あちらこちらで「忘れました」と来るので、毎日その対応にてんやわんやしています。
これに対し、あなたなら、どんな対策をとりますか。

ハジメテ先生

「忘れた人リスト」を貼り出して、本人に反省をさせる。

自分が子ども時代に、担任の先生がやっていた「忘れた人リスト」を貼り出すことにしました。こうすることで、恥を感じて反省をし、忘れにくくなるだろうとのねらいです。

しかし、一向に忘れ物の数に変化が起きません。ある日教室に入ると、その紙が破かれてごみ箱に捨てられていました。「誰がやったんだ!」と怒っても、しーんと静まり返り、誰も何も答えません。いつも忘れ物が目立つB君か、反抗的なCさんか、見当をつけますがわかりません。誰がやったのかわからないまま、嫌な後味だけが残りました。

ベテラン先生

「忘れたら貸します」で貸したものをチェックしておく。

忘れ物は少ない方がいいけれど、必ずあるものという認識があるベテラン先生。

赤白帽子などの忘れやすい物については、「貸し出し用」として、学級費を使って新品をいくつか購入しておきました。その上で、次のように問いかけます。

「忘れ物をすると、誰が困りますか。」「忘れた本人です。」「その通り。しかし、実は先生も困るのです。先生は教えることが仕事なのに、それができなくなります。だから、忘れ物をした人は、必ず私に言いに来てください。貸せる物は貸します。」

「友だちに借りるのはダメですか。」「原則、ダメです。他人の物はさわりません。また友だちに借りると楽なので、忘れ物が癖になることがあります。必ず言いに来てください。忘れ物をしてしまったこと自体は、良いことではないですが、仕方ありません。しかし忘れたことを言わずにやり過ごすのは、悪いことです。」

貸し出す時には名簿に日付を入れておき、返したら丸を付けてチェックしました。忘れ物ゼロにはならないものの、確実に減り、誰がいつ何を忘れたかもよく把握できました。

▼ここがポイント!

実は二人とも手法として「先生が忘れ物を把握し、子どもに自覚させる」という点では共通しています。しかし、その根本の思想が違います。子どもに恥をかかせて反省を促すか、子どもを助けつつ自覚を促して改善へ導こうとするかの違いです。

全てにおいてやってしまいがちなのが「自分が子ども時代に受けた教育の手法をそのまま使う」というもの。時代が違うので、大体失敗します。一昔前には、忘れ物表を貼り出されても、素直に恥じて直していた時代があったのかもしれません。しかし、今はこれはあまり上策とは言えません。「さらしもの」になり、反抗心を生むきっかけになり得ます。

それよりも、きちんと意味や手順を教えることで、忘れ物が報告と謝罪、感謝の教育の場にもなります。先生に言って借りて返却するという、少しの負荷を与えるのがコツです。

☑忘れ物への指導は子どもの成長のチャンス。
☑報告、謝罪、感謝という表現の練習の場にする。

「後でじっくり」より「すぐにその場で」

ある日の休み時間、一人の子どもが、締め切りから三日過ぎた提出物を持ってきて、机の上にぽんと放り投げて言いました。「はい、これ。よろしくー。」と言い放つと、もう外に遊びに行こうとしています。どう考えても、適切な態度とは思えません。

日常においての基本的な礼儀が気になる時、あなたなら、どう指導しますか。

ハジメテ先生

後でじっくりやる。

普段から子どもとフラットな関係になることを心がけ、気軽におしゃべりを楽しめるようになっていたハジメテ先生。だからこそ、遊びに行きたい子どもを呼び止めてお説教をするのはためらわれました。「後でじっくりやればいい」と思い、その場は流しました。

その日の放課後、「あの時のことだけど……」と言っても、子どもは「?」という反応。じっくり語って聞かせようとしますが、とにかく早く帰りたいようで、上の空です。結局、「次は気を付けてね。」と言って帰し、その後も同じようなことが続きました。

ベテラン先生

すぐにその場で指導し、教えて、やらせて、認める。

「何が悪いかすらわかっていない」と判断したベテラン先生。穏やかに、しかし毅然とした態度で、「ちょっと待って。お話ししたいことがあるので、こっちに来なさい。」と呼び止めました。きちんと出したのに、何で呼ばれるのかさっぱりわかっていない様子です。

「遅れて出すというのは、自分の都合で相手に負担をかける、良くないことです。だから、遅れて申し訳ありませんと一言加えて出すのが礼儀です。また、先生は友だちではないですし、放り投げて出すのも失礼なこと。両手で差し出すのが礼儀です。知らないからできなかっただけですね。では、今後の練習にもなるから、もう1回やってごらん。」

その場ですぐにやり直しをさせ、できたことを認めていきました。「そう。わかっていたらすぐにできることですね。これでもう大丈夫。一生使えることだから、ずっと使ってね。」と笑顔で穏やかに伝えました。

その様子を見ていた周りの子どもたちも、同じように礼儀について気を付けるようになり、さらにそれを見た周りの子どもへと、だんだんとクラス全体へ伝わっていきました。

▼ここがポイント！

最大のポイントは「即時」です。礼儀指導では、その一瞬を逃さずすぐやることです。実は安全・安心が確保されている学級では、礼儀指導がきちんとなされていることが圧倒的に多いです。礼儀は、道徳教育の中心になります。逆に言うと、ここを落とすと、学級のあらゆる人間関係がひどく不安定な状態に陥ります。「親しき仲にも礼儀あり」の諺通りです。他人との関係を強く意識し出す高学年においては、特に重要になります。

先生との接し方は、目上の人や立場の違う人への接し方の学習につながります。友だちとの接し方は、同僚や後輩への接し方につながります。つまり、距離感の学習なのです。

立場の違いをわきまえて、毅然とした態度で正しいことを即時にその場で教えることで「なあなあ」な雰囲気になるのを防ぐことができます。

☑ 礼儀指導は、即時、その場で。
☑ 目上の人への適切な接し方を学ばせるチャンス。

先生が間違ってしまった時は……

「言い訳・誤魔化し」より「素直に謝る」

ある日廊下を歩いていると、A君が走っているところが見えました。逃げるB君を追いかけていたらしく、追いついた後に叩いていました。「追いかけ回すのも叩くのもいけない」と、A君を特に強く指導し、その場は終わりました。

しかし後で聞いたところ、B君がA君の大事なものをいたずらで勝手にとったので、それを必死で追いかけていたのだとわかりました。

あなたなら、どんな風に投げかけますか。

ハジメテ先生

こちらにはわからない状況だったから仕方ないのだと伝える。

「先生たるもの、失敗を認めるのは信用に関わるし、なめられてはいけない」そう考えて、とにかくこちらにはわかりようがなかったことを説明し、納得させようとしました。

A君も黙って聞いて「わかりました。」と言ってくれたので一安心。

しかし夕方になってA君の保護者から連絡が入り、「うちの子も悪いですが、先生の対応はおかしいのではないでしょうか。」と言われ、余計に信用を失う羽目になりました。

ベテラン先生

「私が間違っていました。ごめんなさい」と素直に謝罪する。

経験の長いベテラン先生は、自分が「先生」と呼ばれていることで、つい視線が上からになってしまい、間違いを多くしてしまうことをよく自覚しています。

この場合も、自分の対応の間違いがわかった時点で、すぐに謝罪しました。

「A君。私はあなたがふざけてB君を追いかけていると思い込んでいました。大切なものをとられて取り戻そうとしていたのよね。わかっていないであのように言ってごめんなさい。きっと、先生がいきなり叱ったから、言い出せなかったのよね。それでも今度からは、そういう大切なことは、言葉で伝えてくれると助かるの。心の中のことは、言葉にしないとどうしてもわからないから。」

誠実に、丁寧に謝ることで、A君のさっきまでの暗い表情が消えて、明るくなっていました。A君は「先生、わかりました。僕もきちんと言わないでごめんなさい。」と言ってくれました。「私の方こそごめんなさい。」と伝えて、爽やかに話が終わりました。

こんなことが時にありながらも、クラスにはきちんと謝る風土ができてきました。

先生とて人間。間違えてしまうこともあります。

▼ここがポイント！

この時のベテラン先生の謝罪は、「こちらに見えていた事実を話す」「新たに知った真実を話す」「誤認について謝罪する」「今後について伝える」という構成になっています。要は「私の気持ちをわかってもらえた」と相手に思ってもらうことに全力を注ぎます。

謝るという行為は、特に大切です。世の中の人間関係のこじれは、この「謝れない」ということに9割起因しているといってもいいでしょう。適切に謝ってもらえなかったということで、裁判が起きるほどです。それほど、人にとって重要な行為です。

素直に誠実に謝ることで、逆に信用を深めることも多々あります。逆に言い訳をすることで、著しく信用を失います。つまり、謝罪はピンチとチャンスの分かれ目です。

☑ 間違えたら即時に素直に謝る。
☑ 素直に謝れるかが、ピンチとチャンスの分かれ目。

休み時間、教師は……

「毎日**同じ**場所」

より

「曜日毎に**色々な**場所」

毎日の休み時間、子どもたちはそれぞれの場所に分かれて過ごしています。外に出てサッカーやドッジボール、鬼ごっこをしている子どもたち、教室でおしゃべりをしている子どもたち、図書室で読書をしている子どもたち。本当は、全員と関わりたいところです。学級づくりの視点から、あなたなら、この休み時間をどんな風に過ごしますか。

ハジメテ先生

人数の多いところに行き、それをみんなでやろうと誘う。

なるべく人数の多いところに関わるのが大切だと思い、一番人数の多いサッカーのグループに入って一緒に遊んでいました。「先生、明日もやろうよ!」と言われて「いいよ!」と答えているうちに、気がつけば毎日のようにサッカーグループで遊んでいました。サッカーグループの子どもたちとは親密になりましたが、関わりに偏りが出てしまいます。そこで「一緒にやろう」と他の子どもにも声をかけましたが、それぞれやりたいことがあるようで、結局うまくいきませんでした。

ベテラン先生

曜日ごとに場所を決めて、色々回る。

高学年になると、委員会活動なども増えて休み時間が減る分、個人の過ごし方を優先するように変わってくると知っているベテラン先生。全員と万遍なく関わるために、自分の中で次のように回る場所とねらいを決めました。

月……外で過ごす。遊びに入れてもらい、ルール等が守られているかもチェック。

火……教室で過ごす。おしゃべりしながら、一人で過ごす子どもがいないかチェック。

水……クラス全員遊びの日。孤立しがちな子どもをなるべく全体に巻き込むようにする。

木……自分の担当する委員会活動の日。委員会の子どもたちと関わり、活動を労う。

金……図書室などの特別教室へ。ゆっくり静かに過ごしたい人は誰かをチェックする。

さらに名簿を用意してチェックしておくことで、誰がどう過ごしているかがわかり、一人になりがちな子どもや、これら以外の場所で過ごしている子どもも見つかりました。

気になる子どもには個別に声をかけ、話すように努めていきました。その結果、それぞれの子どもの抱える悩みやいじめの問題などを早期に発見することができました。

▼ここがポイント！

高学年の子どもたちの休み時間は、忙しいです。委員会の常時活動に各種特別実行委員会、各種行事の練習など、実質、休み時間がほとんどない場合もあります。休み時間は、子どもにとって本当に貴重な時間です。自分なりに過ごしたいと思うのは当然です。

そこで、こちら側が動きます。それも、気分で動くのではなく、曜日で場所を決めておくことで、ある程度の広範囲が見られます。これで、一週間に一度も休み時間の関わりがない子どもをなくしていきます。さらに確実に全員での関わりをもつ機会として、週一回でいいので、全員遊びの時間を設定できると、学級づくりには効果的です。

そして実は休み時間の過ごし方の一番のポイントは、休み時間になるべく仕事をしないで、先生が暇そうにしていることです。暇そうにしていることが仕事と割り切りましょう。

☑ 休み時間は、週単位で計画的に全員と関わる。
☑ 暇そうにしていることが仕事と割り切るべし。

「今回だけ許して」と言われた時は……

「今回だけ特別」より「認めた場合どうなる?」

ある日、いつものように授業中にノートを持ってこさせてチェックしていると、一人だけボールペンで字を書いていました。授業中のボールペン使用は学校で禁止しています。

「今日、たまたま鉛筆忘れちゃって。先生、今回だけ特別。いいでしょう？」

あなたなら、どんな風に切り返しますか。

ハジメテ先生

「今回だけ特別ね」と例外を認める。

忘れ物をして、自分でどうすればいいのかを考えた上での行動だし、もう書いたなら仕方ないと、認めました。「さすが!ものわかりがいいー。」とほめられて、まんざらでもないハジメテ先生。

さて問題は、早速次の日から起こりました。A子と仲の良いB子が、同じことをしてきました。理由も同じです。「A子と同じです。」と言われたら、ダメとは言えません。ここからなし崩し的に他の子どもたちにも広がり、結局収拾がつかなくなりました。

ベテラン先生

「認めた場合どうなる?」と問い返す。

明らかに「お試し行動」だなと見抜いたベテラン先生。ここを突破されると、他のルールも含めて全体が崩れていくのが目に見えています。次のように問いかけました。

「もしそれを認めた場合、どうなると思う?」

A子さんは、きょとんとしています。「別にいいんじゃない?一回だけだし。」

ベテラン先生は、毅然と答えました。「そしたら、他の人が同じように、特別って言ってきたらどうなる?全員が言ってきたら?また、全然違うことで、ボールペンの時は認めてたって言われたら?それでも大丈夫になるような、いいアイデアがあったら教えて。」

そう聞かれると「うーん」と唸るだけで、何も言い返せません。

「じゃ、鉛筆は貸してあげるから、書き直しておいで。」と笑顔でノートを返しました。

結局、その後は鉛筆できちんと書いてきて、何事もなく終わりました。

その後も同じような要望は色々な場面で出てきましたが、全く同じ対応で全て事なきを得ていき、ルールは守られていきました。

▼ここがポイント！

「今回だけ」「特別」は、子どもが無理を通そうとする時の常套句です。買い物の場面などでも見られます。ここを許すかどうかは、運命の分かれ道です。

こういったお試し行動によって、「この先生はどこまで許してくれそうか」ということを測っているのです。子どもによる教師への評価行動です。ここで「甘い」「ちょろい」と判断されると、一気に様々なことを突破されます。初めは小さな要求、次第に大きな要求にしていくというのは、セールスにも使われる効果的な手法です。最初は「無料」「話を聞くだけ」といったことで、「それぐらいなら」と思って応じていたら、いつの間にか大きな買い物をしてしまったという経験はありませんか？そういうことです。

ルールに「特別」「例外」は極力作らない。学級担任必須の心構えです。

☑「今回だけ」「特別」は、ない。
☑城も小さな穴から崩れると心得るべし。

第4章

高学年
お年頃女子への指導

高学年女子への接し方は……

「小さな子ども扱い」

より

「適度に大人扱い」

高学年女子の中には、かなり大人びた子どもと、幼い感じの子どもが混じっています。
かといって、子どもによってあまりにも対応を変えるのも不自然です。
あなたなら、基本的にどのように接していきますか。

ハジメテ先生

まだ子どもだと思って、フレンドリーに接していく。

とにかく子どもとの距離を縮めたいハジメテ先生。「高学年女子に反発されると大変」ということはよく聞いていたので、仲良くなろうと「呼び捨て作戦」で接していきました。

ねらい通り子どもとの距離は縮まり、子どもからも「ハジメテ」と呼び捨てされるようになりました。しかし中にはあからさまに「うざい」「きもい」などと言ってくる子どもも。「何だその口のき方は！」と怒っても、立場が同等と見られており、暖簾に腕押し状態。

このままではまずいと思い、「これ、やってもらえるかな」などと、下手に出てお願いする作戦に変更。さらに子どもはつけ上がり始め、どんどん手に負えなくなっていきました。

ベテラン先生

適度に大人扱いし、大人として言うべきことは言う。

自分自身も高学年から中学生だった頃を思い浮かべると、理想は憧れのあの素敵な先生。自分をきちんと大人扱いしてくれながらも、だめなことをした時には、大人として厳しく指導してくれた先生です。媚びることなく、親しみやすく、凛とした先生でした。

そのイメージをもって、まずは基本的に「さん」付けをして呼び、先生と児童という線引きをしました。接する際には、ある程度世の中のことがわかってきているという前提で、子ども扱いしすぎず、かつ指導すべきことは遠慮なく言うようにしていきました。

時にそこを越えてきて、あだ名や呼び捨てをしようとする子どももいます。これは、子どもが大人と同等になりたいという成長願望の一つであり、お試し行動の一つです。そこで「先生は、あなたとお友だちではありませんよ。他の先生方も同じ。呼び方には気を付けなさい。」と、穏やかに、かつ毅然として伝えると、素直に聞き入れて直しました。

休み時間に一緒に遊んだり、日記等を用いて相談に乗ったりして距離を縮めつつ、教えるべきことはきちんと教えて、「頼れる人生の先輩」という立場を築いていきました。

▼ここがポイント！

ここについては、実は先生が男性か女性かで、かなり違います。男性は、思春期の女子との接し方について、かなり気を遣った方がいいです。この時期の女子特有の心身の急激な変化やそれに伴う不安感について、ほとんど理解ができないからです。そしてこれは、大人の女性に対しても同様にいえることで、がさつでうっかりな言動は地雷を踏みます。（逆に女性の先生なら、本人の自然なキャラを前面に打ち出す方がいいと思います。）

基本の接し方を、丁寧にすることです。職場の女性の同僚への接し方とほぼ同じにします。名前はきちんと「さん付け」する、また逆に頼むべきことを遠慮しすぎない、といったことです。呼び捨ては親しくなれるかもしれない反面、異性に変に親しくされると不快感をもつこともあり、諸刃の剣です。「相手は女性」という意識を忘れずにもちましょう。

☑ 高学年女子へは、「女性」として接する。
☑ 親しくしすぎない、遠慮しすぎない。

女子のグループ化は……

「なくそうとする」

より

「あるものとして見守る」

高学年になると、女子のグループ化が進んできます。グループができると、グループ内の子どもとばかり関わろうとして排他的になったり、逆に内部でいじめが起きたりします。ある日、特定の女子数名がいつも固まって行動し、幅を利かせていることに気付きました。他の子どもの保護者からも「心配」「どうにかならないか」という声が上がっています。

あなたなら、この事態に、どう対応しますか。

ハジメテ先生

グループ化が良くないことを話し、グループを解散させようとする。

とにかくグループ化をやめさせようと考えたハジメテ先生。グループの女子たちに向かって、「あまり一緒にいるのをやめなさい」と直接指導しました。もちろん、女子たちが聞く訳がなく、反発されるだけでその後もグループはますます固まっていきました。ボスグループを直接敵に回したことで、周りの子どもたちへも圧力がかかり、先生の方が孤立することになっていきました。

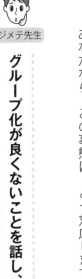

ベテラン先生

とりあえず静観して、学習中は多くの子どもと交流するように仕組む。

基本的に、人間は一生何かしらの「グループ」に属していることが自然であり、これも学習の一つと考えているベテラン先生。女子のグループ化が起きるのは自然で、止めることはできないと考えています。社会勉強、修行の場です。楽しいだけでなく、陰口や仲間外れといったドロドロとした人間関係を学ぶこともあるでしょう。一時かかる病のようなものという捉えです。

そこで授業中はなるべく様々な相手と交流できるように、意図的にグループの構成を考えました。また、ひとりぼっちになりがちな子、内気な子どもへは個別に声をかけ、それぞれが自然にくっついて孤立しないように配慮しました。一方で、特定のグループの動きには注目し、積極的に声をかけて交流と情報収集に努めるようにしました。

「最近、○○さんとはどう?」と尋ねると、「仲良しだよ。ただ……」と本音を漏らすこともしばしば。グループ内で問題が起きると、相談が来るようにもなりました。グループ自体はその後も存在しましたが、緩やかに交流ができるクラスになっていきました。

▼ここがポイント!

本能レベルで、男性より女性の方が、集団における周囲との人間関係により気を遣います。闘争本能の強い男性と違い、摩擦や争いをなるべく避けたいのです。そのため、グループ内の人間関係には敏感で、かつ閉鎖的で保守的です。プレゼント等の配慮をするのも、女性の方が細やかです。また、出すぎても叩かれるため、そこも気を遣います。

これらのことは、一度グループに属してみないとわからないことです。そういった諸々の学習をするのに、グループに属して過ごすことは適しているともいえます。いじめと同じで、小さな諍いの解決を経験することで、大きな諍いを解決できる力もつきます。見ていてあまり気持ちの良くないグループもあるかもしれませんが、一つ学習だと思って、解散させるよりも、行く末を見守る方向で、導いていくのが正解です。

☑ 女子のグループ化は「はしか」と同じ。
☑ 修行の場と思って、声と目をかけて付き合うべし。

女子グループ内で起きた問題への指導は……

「直接対決」より「男子に聞く」

女子グループ内で、ＳＮＳがらみの問題が起きました。どうも、グループ内の特定の女子がいじめにあっているようです。保護者からも相談が来ています。本人たちに聞いても、全く口を割りません。グループのリーダー的存在が怖いようです。

あなたなら、どんな風にこの問題を解決していきますか。

ハジメテ先生

女子グループと直接対決して、事実を話させようとする。

保護者から相談があったこともあり、何とか早急に解決をしたい。そう考えていじめの中心的存在であるＡ子に直接指導をしました。そこまで上がっている事実をつきつけましたが、あれこれ言い訳を述べて一向に認めません。Ａ子の保護者からも「うちの子が一方的に疑われている」と文句がきて、問題が余計ややこしくなりました。そして裏で、いじめはより陰湿化し続けていました。周りの子どもに事実関係を聞いても、Ａ子が怖いので一切口を割りません。問題はどんどん悪化し、他の子どもへも広がっていきました。

ベテラン先生

男子から情報収集をして、事実関係をおさえてから指導する。

直接本人たちに聞いても、グループ内の圧力があるため喋らないだろうと考えたベテラン先生。とりあえず、Ａ子と仲の良い、周りの男子グループの子どもたちに聞いてみることにしました。すると男子たちの口から、グループ内の様々な出来事がどんどん出てきます。それをもとに、さらに他の子どもたちからも情報収集を行いました。

大体全ての事実関係をおさえたところで、誰に聞いたということは完全に伏せておき、Ａ子たちのグループのメンバーを個別に呼び、事実確認をしました。先生はもうあらゆる事実を知っているとわかったことで観念し、それぞれ自分がやったことを認めました。

指導の際もいじめの中心であるＡ子を責めることはせず、やられている子どもと同じぐらい、Ａ子のことが心配だということを話しました。

最終的にＡ子や他の子どもも互いに謝り、とりあえずの解決となりました。

その後もトラブルがゼロということにはなりませんでしたが、どれも情報収集のお陰で小さいうちに発見できたので、最終的に大きなトラブルには至りませんでした。

▼ここがポイント！

大前提として、教師の目には子どもの裏の姿は9割見えないという認識をもつことが大切です。高学年は大人と同じで、見られて都合の悪いことは、見えないようにやります。当たり前です。このことを最もよく知っているのは子どもたちです。そこで、そこを味方につけて教えてもらうというのが、基本的な戦略になります。

特に男子は、女子グループ内のあれこれをくだらないと思っていることが多いので、割とあっさり喋ってくれます。普通に「聞かれたから答えているだけ」という感覚です。

また教師から見えていないだけで、子どもたちの間では全て筒抜けであることが多く、誰が喋ったことなのかがよくわからないのです。男子は女子内ほど気も遣いません。

ここでは、普段から男子との関係づくりも大切にしておくことがポイントになります。

☑ 教師の目には、裏の姿は見えない。
☑ 女子グループのことは男子から聞くべし。

女子の言い訳への対応は……

「嘘を暴く」

より

「とりあえず騙されてみる」

さて、前項において、言い逃れのための言い訳をされた場合を考えていきます。

もう明らかに嘘とわかるのですが必死に自分を守ろうとして、かたくなに嘘をつき続けます。目も泳いでいるし、話も支離滅裂ですが、とにかく認めません。

あなたなら、どんな風に対応しますか。

ハジメテ先生

「嘘はいけない」と諭し、根気よく本当のことを話させる。

嘘をつくのはいけないと考えたハジメテ先生。事実を羅列していき、理詰めで追い詰めていきました。しかしどんなに事実を示しても、絶対に認めません。無言で抵抗してきます。いらいらして、言葉も荒くなりました。時間も遅くなったので、その日は帰しました。

その後、保護者から電話が入り、「うちの子が先生に脅されたと言っています。乱暴な言葉を使われたようですね。」というようなクレームが入りました。事の経緯を丁寧に説明しましたが、いつの間にか子どもの問題から論点がずれ、こちらが謝る羽目になりました。

ベテラン先生

とりあえず騙されたようなふりをしてあげる。

なぜ嘘をつき通そうとするのか、理由を考えたベテラン先生。「何か間違いがあるかもしれないけれども」ということで、話を進めていきました。さすがにここまでの事実の全部を否定することはなく、その中で、小さな事実だけを認めさせていきました。

そうすると、やったことそのものは認めないものの、実は自分もこういうことで困っている、ということを話し始めました。どうやら最近、塾の成績が下がって、親にも叱られ続けているようです。自信をなくしており、ついちょっと悪さをしてしまったというのがあったようです。ただそれでも、やったことの全てを認めた訳ではありません。

そこまで確認した上で、「じゃあ次はみんなに誤解されないように気をつけてね。あなたのことを信じているよ。」と言って帰しました。

翌日から、妙にベテラン先生の言うことをよくきくようになりました。何か、先生はわかっていて許してくれたのかも、と思っているようです。

同じようなことはその後も起きましたが、すぐに悩みを話してくれるようになりました。

▼ここがポイント！

まずは「嘘をつくという行為は必ずしも悪いことではない」という前提が必要です。大人を考えればわかります。嘘を全くつけないで本音ばかり言う大人では、逆に始末に困ります。特に子どもの嘘は、密かに抱えている傷口への自己防衛のためにしていることがほとんどです。その嘘を暴くことで、本人の傷口をさらにえぐることにもなりかねません。

教師の仕事は、真実を暴いて凹ませることではなく、子どもを成長に導くことです。

時には大人が騙されてあげることも必要です。子どもは見抜いています。大人がわざと騙されてくれているということに。そうすると、本当の事を話すようになります。子どもは誰でも、良くなりたいのです。良くなりたいから、嘘をついてしまうという矛盾。思春期の、この辺りの複雑な心理をわかってあげるのが大切です。

- ☑ 嘘をついてしまうのは思春期の成長の一つと見る。
- ☑ 時には騙されてあげることも大切。

言いつけや愚痴、噂話への対応は……

「解決策を考える」より「とりあえず話を聞くだけ」

高学年女子は、男子よりも噂話を好む傾向があります。「誰が誰を好き」とか、「誰々は実は性格が悪くて、陰でこんなことをしていた」とかです。

ある日、ある女子のしている「悪い行為」について、数人の女子に話を聞かされました。

「先生、担任なんだから、どうにかしてください。」と言ってきます。

あなたなら、どんな風に対応しますか。

ハジメテ先生

真剣に話を聞いて、対応策まで一緒に考える。

子どもの言う通り、トラブルの解決は担任の仕事と考えたハジメテ先生。詳しく話を聞いて、その女子たちと、どうすればいいか一緒に考えました。

そしてそれがやがて、相手の子どもにも伝わりました。どうやら相談した女子たちが「先生がこう言ってるんだから。聞きなさいよ。」というように言ったようです。それが、周りにもどんどん広がり、「ハジメテ先生はひいきをする」という噂になりました。

結局、相談してきた女子たちに、いいように利用された形になってしまいました。

ベテラン先生

とりあえず適当に話だけ聞いて、後は子どもに返す。

女子の間でよくあるトラブルだと考えたベテラン先生。おそらく、その相手の子どもの何かが気に入らず、うまくいっていないのでしょう。とりあえず彼女たちの話すままにしておき、最後の「どうしたらいいと思う?」の問いに対しては、そのまま「どうしたらいいと思う?」と問い返しました。

「あなたたちは優しいから、きっと○○さんのことが心配なんだよね?だとしたら、どうしたらいいか、自分たちで考えてやってみた方が、納得いくんじゃないかな?私が出て行って解決したら、本当にみんなにとって納得いくとは思えない。そうでしょう?」

本人たちは告げ口をして叱ってもらおうとねらっていたので、この対応には何とも言えない変な顔をしていました。「えー。担任なのに、何とかしてくれないのー。」と不満そうでしたが、諦めてその場は終わりました。

後日、改めてその子どもたちに「どうなった?」と聞いても、「もう大丈夫です。」と答えるだけで、その後も結局何も問題は起きませんでした。

▼ここがポイント!

噂話や告げ口というのは、大抵ろくな目的がありません。ただ単に他人を貶めることで、憂さ晴らしをしたいだけです。あまり好ましい行為ではありませんが、思春期を通って大人になる過程においては、それも避けて通れない経験の一つであり、否定はできません。そういうことをしたりされたりする中で、学ぶことも多くあります。

基本的に噂話は、まともに聞くだけ無駄です。かといって聞いてくれないというのも不満の種になるので、適当に聞いてあげます。聞くだけで9割目的達成しているというのが噂話です。噂話への対応の最大のコツは、話に乗らないこと。乗ると共犯者になります。特定の子どもだけに肩入れすることがないように気をつけましょう。

☑ 他人の噂話をしたがるのも成長の証。
☑ 適当に聞き流して、対応はしない。

服装等が気になる時は……

「ほめる・否定」

より

「気を遣ってるね」

一部の高学年女子の、独特の奇抜なファッション。ティーン雑誌の影響をもろに受けた、ド派手な色や装飾、中には目のやり場に困るような服装など、様々に見受けられます。

担任としては、さすがに学習の場である教室内でのその服装は、気になります。

あなたなら、どんな風に彼女たちに指摘しますか。

ハジメテ先生

「おしゃれだね」とほめて肯定するところからアプローチする。

まずは理解を示すことが大切と考えたハジメテ先生。「その服、素敵だね、おしゃれだね。」などと言って、まずはほめてみました。「先生、わかってるじゃん！」と喜ぶ子どももいますが、一方で中には怪訝な顔をする子どももいました。その上で「ちょっと派手すぎないかな。」と伝えましたが、「そう？」と流されてしまいました。

ほめられた子どもはさらに服装がエスカレートしていきました。「先生がおしゃれってほめてくれた。認められた。」と吹聴し、広がっていきました。また一部の子どもからは「なんかキモい」と言われてしまいました。結局、指導がしにくくなってしまいました。

ベテラン先生

「服装に気を遣ってるね」と相手の嗜好は認めた上で、意見を伝える。

ファッション感覚の違いは世代間の違いと認めているベテラン先生。理解は無理でも、とりあえずおしゃれをしているその子どもに「おしゃれに関心があるんだね。服装に気を遣ってるね。」ということを伝えました。言われた子どもも、満更でもなさそうです。

その上で「でもその服は、学校で着るには、ちょっとおしゃれすぎるかもね。」とも伝えました。

「学校は何をするところ?」と聞くと「勉強するところ。」と答えます。「そう。運動に合った服装もあるし、卒業式のような式典にふさわしい服装もある。教室で勉強する時は、落ち着いている方がいいから、教える方としては、もう少し抑え目な格好の方がありがたいな。」と本音を伝えました。

それだけで一気に格好が変わることはありませんでしたが、少し気を遣うようになったようで、やや控えめぐらいにはなってきました。

▼ ここがポイント！

金髪やピアス、スカート丈などファッションに関する問題は、古くから、特に中学校以降の教師が対応に苦慮していたところです。そしてファッションの流行も若年化が進み、中学校の苦悩が小学校の高学年から既に始まっていると言っても過言ではありません。

ここで難しいのは、理解をしようとしている大人にしか子どもは心を開かず、完全に同じレベルまで下がってしまっては、指導自体ができないという点です。

学校のような「公」の場における服装の役割とは「場と相手本位」であるという基本的なことを教えます。自己表現としてのファッションというのは、「私」の場で行うものです。

また特に女子で、あまりに露出の多い格好は、性犯罪に遭う可能性を大幅に高めます。自分の身は自分で守る。そのこともきちんと教えていくことが重要であると考えます。

☑ 服装の指導は、そのまま「公私の区別」の指導。
☑ 服装とは「場と相手本意である」ことを教える。

不要な物を持ってきた時は……

「持ち物検査」より「学年まとめての指導」

高学年女子によくあるのが、異常に膨らんだ筆箱。またランドセルには、大きなキャラクターのぬいぐるみ。一部の男子にもありますが、女子には特に顕著に見られます。

「学校に関係のないものは持ってこない」ということは、百も承知でのこの行為。これだけ堂々と見えるものを、見て見ぬふりをして、放置しておく訳にはいきません。

あなたなら、どんな風に指導しますか。

ハジメテ先生

持ち物検査を実施して、その場で指導する。

自分も子ども時代に受けたことのある、持ち物検査。違反をしているのだから、当然です。余計なものを持ってきている子どもをその場で叱り、持ち帰らせました。

みんなの目の前で、持ち物について注意を受けた子どもは、裏で文句を言っています。グループ内で「いいよ、またみんなでこっそり持ってこよう。」と相談しています。

そのたびにまた持ち物検査、指導といういたちごっこを繰り返し、子どもとの関係性もどんどん冷えていきました。

ベテラン先生

個別対応は後回しで、まずは学年全体で指導する。

余計な持ち物は、流行や子どものグループ内の仲間意識の表れということを知っているベテラン先生。そのまま個別に指導してもしこりが残ると考え、学年でこのことについて相談しました。すると、他の先生たちも、やはり気になっていたようです。目に見える形で違反があるのだから、当然です。対策として、学年全体で指導することにしました。

学年集会で、ベテラン先生が全体に向かって次のような話をしました。

「最近、余分なペン類が大量に入った筆箱や、大きな飾りをつけたランドセルなどが見受けられます。わかっていると思いますが、学校には余計な物は持ってこない約束です。余計な物から、いじめや盗難などのトラブルになることがよくあります。そういうことで泣きつかれても、こちらも困ります。そもそも、自分たちでトラブルの種を作っているようなものだからです。たかが持ち物一つという、小さなルール違反が、結局自分たちで解決できない大きなトラブルを育てるのです。まず持ち物から正していきましょう。」

その後は「あれ?これは?」と声をかけるだけで、持ち物違反は次第に減りました。

▼ここがポイント！

高学年の持ち物違反は、9割以上が「確信犯」です。よって個別に指導しても、もぐら叩き的に発生し続けます。また「隣のクラスでは認められている」という場合もあります。さらに女子は、その持ち物によって「友だちの証」のような使い方をして、放っておくと女子のドロドロしたトラブルに発展することもあります。グループ内の力の強い子どもがそれを率先して指示している場合、弱い子どもは持ってこない訳にいきません。

最初から個別に指導すると、その問題に直接介入することになるので、まずは一斉指導がポイントです。そこで断る理由としての「学年指導」を入れます。他のクラスのルールを守っている真面目な子どもたちの目にも入るため、あからさまには破りにくくなります。

単学級なら、生徒指導担当の先生等に相談して、学校対応をとっていきましょう。

☑ 高学年の持ち物違反は、確信犯と心得る。
☑ 全体で守らせる気風作りが大切。

第5章

高学年
授業場面の指導

授業中の発言への指導は……

「自由で活発な発言」

より

「ルールを守り静かに聞く」

授業の場面。高学年になると学習内容が複雑になってくる上、思春期ということもあり、授業での積極的な発言が減ってきます。低学年の教室のように、自分が自分がという感じでどんどん発表していく活発な子どもも少なく、何となく活気がないように思えます。

あなたなら、この状況をどう捉え、どんな指導をしますか。

授業中に発言をどんどんさせて、「自由」な雰囲気を作っていく。

授業は楽しさが一番大切と考えているハジメテ先生。そのためには、子どもの声をどんどん拾うのが大切と考えました。

授業中に何か子どもから発言があると、すかさず反応していきました。いつでも自由な発言を許し、子どもたちはどんどん喋り始めました。授業中にも、何だか活気が溢れているような雰囲気です。しかしよく見てみると、発言は一部の子どもに偏っており、喋らない子どもは一日中一言も喋らないということも。友だちの発言も平気で遮り、やがて教師の話も聞かなくなり、自分勝手にものを言う子どもたちが増えていきました。

ベテラン先生

まずは発言中のルールを作り、しっかりと守らせていく。

一見してわかるような表面的な活発さよりも、静かに落ち着いた雰囲気の中で活発な思考が巡らされることを大切にしたいと考えているベテラン先生。

まずは「人の話は黙って聞く」というルールを作りました。自分勝手な発言には「お話泥棒はやめよう」と、ユニークでわかりやすい名称を付けることで、その都度やんわりと注意をしていきました。

今まで自分勝手な発言を許されてきた子どもたちは、最初は反発しました。しかし全員が自分の話を最後まで聞いてもらえるとわかるようになると、その方が全員が発言しやすい雰囲気ができると実感し始めました。

発言も音声によるものだけでなく、「ノートに書くことも立派な発言」と認め、見せ合って意見を共有する活動を設けました。これにより、声に出せなくても、良い考えを持っている子どもの意見も教室に取り入れられるようになりました。結果的に全員が授業に参加している実感がもて、しっとりと落ち着いた雰囲気の教室になっていきました。

▼ここがポイント！

実際、学力として見た時、話すことより、聞くことの方が大切です。「話す・聞く」とありますが、実は教室は言うに及ばず、日常生活の全てにおいて、話す機会より聞く機会の方が圧倒的に多いはずです。子どもが教室にいる際、十人いるなら、「話す：聞く＝一：九」という比率です。国語の大家の野口芳宏先生も「学力の根本は聞く力」と断言しています。

「人の発言中は黙って聞く」というのは、本来マナーと言うべきことですが、昨今のテレビの雛壇芸人の「ツッコミ」を入れるトークに慣れている子どもたちに、その感覚はない可能性が高いです。よってこの聞き方の学習ルールは、先生が提示して、保証します。

まずは、黙って聞く力を優先的に育てていきましょう。話す力は、その後で十分身に付きます。「聞いてもらえる」と思ったら「伝えたい」という気持ちも自然と高まるものです。

☑目と耳は二つ、口は一つ。
☑話す指導の前に、聞く指導を徹底する。

「知ってます」「簡単すぎ」と言われたら……

「すごいね！ではめる」

より

「本当に？で詰める」

算数の授業中に聞こえてくる「知ってます」「簡単すぎー」という声。特にこの声が目立つのは、塾に通ったり、家庭学習用の市販教材で先取り学習をしたりしている子どもたちです。授業の最初の例題では、出題直後からすぐに「正解」を出してきます。

あなたなら、どんな風に対応しますか。

ハジメテ先生

「すごいね！」とほめて、もっとやる気を出させる。

できることはいいことと考え、まずは「すごいね！」とほめていきました。実際正解しているし、テストをしてもよくできています。子どもたちも「早くできることはいいこと」という確信を深めていきました。そうしているうちに一方で塾に通うなどして先行学習をしていない子どもたちや、理解のゆっくりな子どもたちは、コンプレックスを感じるようになりました。教室には「早い方がいい」「できればいい」「テストの点数が高い方が偉い」という、一種の成果主義的な空気が浸透していきました。

ベテラン先生

「本当に？じゃあ説明して」と詰める。

子どもの言う「知っている」の内実がとても浅いことを知っているベテラン先生。ことあるごとに「本当に？」とたずね、さらに「じゃあ説明して。」と詰めていきました。

大抵は「正解は出せるが、なぜかはよくわかっていない。」という状態なので、わからない相手への説明ができません。やり方のみを頭に詰め込んでいるだけで、理解はほとんどできていないのです。だから、ノートには答えだけでなく、「誰が見てもわかるように」という条件で考え方を詳しく書かせました。そうなると、黙って真剣に考えはじめます。

また本当にわかっているような場合には、先生の代わりに説明をさせたり、できないで困っている仲間に教えさせたりして、実際に活躍してもらいました。すると、うまく伝えられない時も出てきます。そうすると、説明の仕方を見直していく中で、その子ども自身の理解も深まります。相手意識が高まり、感謝されることも増えます。

そんなことをしているうちに、「できる」というだけで自慢することが減り、授業中は仲間と協力しながら、真剣に参加する風潮ができあがっていきました。

子どもにまず教えなければならないことは、知っているということ自体は偉いことでも何でもないということです。得た知識を活用したり、人に与えたりすることで初めて価値が出るものだと教えます。自分の周りの「お陰様」でせっかく得た知識です。得たものは人の役に立たせるのは当たり前ということを、全ての授業を通して繰り返し教えていきます。

▼ここがポイント！

また、知っていること、できること、理解して教えられることは、全て別物だということも教える必要があります。わかる、できるで満足させず、与えるということまで目指して価値を置いていく。今必要と言われているキャリア教育そのものです。例えば算数の授業を通してでも、算数の勉強だけでなく、人生の勉強をさせていきましょう。

☑「できる」に価値を置きすぎない。
☑得た知識は「与える」から価値が出ると教える。

「それはテストに出ますか」と聞かれたら……

「テストに出る・出ない」

より

「どう出すと思う？」

授業中、一部の子どもたちは「その内容がテストに出るかどうか」を非常に気にします。特に、成績を気にしている子どもたちです。社会科の授業中、何か一つ用語が出るたびに「先生、それはテストに出ますか」と聞いてくる子どもがいます。

あなたなら、どう答えますか。

ハジメテ先生

テストにおける重要度に応じて、きちんと答えてあげる。

自分も受験の時に社会科の大量の用語の暗記に苦労したハジメテ先生。問題がテストに出やすいかどうかという重要度に合わせて「これはよくテストに出るよ」「これは出ないから大丈夫」と、その都度丁寧に伝えていきました。

すると他の子どもたちもそれを聞き、テストに出ると言ったことはきちんとノートに書き、そうでないことはノートを取らないようになっていきました。

学習内容について考えることよりも、テストに出るか出ないかということが子どもたちの興味の対象の中心になっていきました。

ベテラン先生

テストに出すとしたら、どう出すか考えさせる。

「勉強は何のためにするのか」ということを常に考えているベテラン先生。角度を少し変えた切り返しとして、「どう出すと思う?」と問い返しました。

するとその子どもは「きちんと覚えてないかもしれないから、その言葉を穴埋めで書かせる」と自分の考えを述べました。さらに「あなたならどう思う?」と他の子どもたちにも話を広げていきました。すると「その言葉の意味を書かせる」「似た言葉との違いをきく」「その言葉と関係する出来事の問題を出す」というように答えていきます。ベテラン先生は「今回の場合、どう出すのが一番いいかな?」とさらに比較・検討を促していくと、ああでもないこうでもないと話し合いが始まりました。結果的に「本当に理解しているか見たいのだから、この言葉を使って他の重要な出来事を説明させる」というように、出題者側の視点に立った学びにつながっていきました。

結果的に教師が詳しく説明するよりも内容を広く深く理解することができて、授業は充実したものになっていきました。

▼ここがポイント！

自我が強まり、何かにつけて自分への評価を気にしだす高学年の子どもたちにとって、テストに出るか出ないかということは大きな関心事のひとつになるのは事実です。しかしながら、テストというものは本来学習内容を学習者が理解しているかどうかを測るためのものです。テストに出るから覚えるというのでは本末転倒です。覚える価値があるからこそテストに出るというのが本来の形でしょう。価値のあるものなのだからその価値について深く考えさせると言う必要があります。

例えば社会科の年号一つをとっても、数字そのままに意味があるわけではなく出来事の前後関係がわかるから意味があるのです。テストにどう出すかという、出題者側の立場で考えさせるというのは、実はとても教育効果のある手法です。活用しましょう。

☑ テストの意義から考え直すチャンス。
☑ 出題者側の視点に立つのは効果あり。

「もっと難しい問題を出して」と言われたら……

「先生が出す」

より

「子どもに出させる」

高学年で必ずついて回るのは、学力差の問題です。学習時間の積算量が個々で大きく開いていくのだから当然です。算数の授業中、「先生、もっと難しい問題を出してください」という要望が子どもからだけでなく、親からも出てきました。どうやら一部の子どもにとっては、授業で扱っている問題が易しすぎるようです。

あなたなら、どんな風に投げかけますか。

ハジメテ先生

発展問題を用意し続ける。

発展問題をたくさん用意してきました。しかし、複雑な計算問題などは、どんなにたくさん用意しても結局すぐに解かれてしまいます。しかも答え合わせが大変です。丸付けをするだけで時間をとられてしまいます。

すぐに解けないような難問も用意してきましたが、たくさん用意する割に、取り組む子どもは少なく、「労多くして功少なし」という状態でした。出せば出すほど子どもの要求が高まっていきます。この問題を作るために業務のかなりを割く日々が続いていきました。

ベテラン先生

最初はこちらが用意して、後からは子どもに発展問題を出させる。

子どもたちの要求は正当と見て、まずは難問をたくさん用意したベテラン先生。要望していた子どもたちは、嬉々として取り組みます。

「先生もっと出して」というさらなる要求に対し、「みんなの方が、実はもっと面白い問題知っているんじゃない?」と返しました。

すると次の日、早速算数が大好きなAさんが問題を持ってきました。それを黒板に書いてみんなに出題すると、多くの子どもが熱中して解きました。「答え合わせはAさんにね。」と伝えて、できた子どもはAさんのところへ持っていき、丸を付けてもらいました。

こうなると翌日からはBさん、Cさんとたくさんの子どもが問題を持ってきます。「先生私に出させて」「僕に出させて」と自分の持ってきた問題を解いてもらいたい様子。

一度この流れを作ったので、その後も各単元で子どもたちが自分の出したい問題を持ち寄るようになり、問題を持ち寄って出し合う学級文化ができあがりました。

▼ここがポイント！

ハジメテ先生の今回の対応は、必ずしも間違いではありません。むしろ誠実に対応したと言っていいでしょう。しかしながら、先生が毎度発展問題を用意し続けるということには、労力としても教育効果としても限界があります。先生に依存的になります。ここで頼るべきは、子どもたちのもつ教育力です。一度やり方を例示したら、その先は子どもたちに委ねてみるのです。そして、機を見てまた先生からも面白いものを出してあげます。

『ドラゴン桜』（三田紀房著、講談社）という漫画本でも紹介されていましたが、友だち同士で問題を出し合うという方法は大変効果的です。塾などで入試問題をたくさん解いている子どもの復習の場にもなります。それらを発展問題として出させ、解説も本人にやらせたり、周りの友だちにやらせたりしてみます。学級の全員にとってメリットのある方法です。

☑ 発展問題も、例を見せたら子どもに託す。
☑ 子どものもつ教育力を最大限に活用する。

道徳の時間には……

「模範解答」より「違い」を求める

道徳の授業の時間。ここまでの経験から、高学年の子どもたちは「どう答えなければいけないか」がわかっています。模範解答を知っている状態です。

「友だちとすれ違ってけんかをした」というような場面の教材を取り上げたところ（どうせ謝るって答えればいいんでしょ）というような空気を感じました。

あなたなら、どんな風に授業を続けていきますか。

ハジメテ先生

「模範解答」をする子どもの発言を価値付け、予定していた流れに近づけていく。

道徳の授業で話し合いが妙な方向に行くと困るので、とにかく予定通りに授業を進めたいハジメテ先生。期待していた答えが出ると「いいね」「えらいね」と言って価値を認めて取り上げ、黒板に書いていきました。先生の期待していない答えが出ると「それはどうかな」「そうなんだ？」と言うだけで取り上げず、「他には？」と期待する答えが出るまで聞いていきました。道徳以外のどの授業でも同じような流れになっており、子どもの本当に思ったままの考えや独創的な考えは、発表されなくなっていきました。

ベテラン先生

予想外の答えには「なるほど。もっと詳しく教えて」と促す。

授業が予定通りに進む必要など全くないと考えているベテラン先生。挙手をさせると「解答」に自信のある子どもばかりに発言が偏り、模範解答ばかりが多く出ると考え、挙手させての発言はあまりさせませんでした。代わりに先生の方でどんどん指名していきました。「別に必ずしも謝らなくてもいいと思う」というような、大方の予想と異なる回答を特に取り上げて「なるほど。もっと詳しく教えて。」とさらに発言を促します。そうすることで、それぞれの人のもつ価値観の違いを理解することができ、授業が充実していきました。

例えば他にも、算数の授業での計算間違いや、考え方が正しくなかった時などは「この間違いがあったからみんなが学べた。この間違いは、今日一番の価値がある。」というように、役立つ「誤答」を全肯定していきました。

子どもたちは間違いの価値に気付き、互いの考えの違いも認めるようになることで、仲間の意見をよく聞くようになり、自分の意見を述べられるようにもなっていきました。

▼ここがポイント!

もしも教室に模範解答だけが溢れたら、授業はどんなにつまらなくなることでしょう。予定通り進めるだけなら、教師が全て説明すればよいのです。しかしながらそれは講義であり授業ではありません。

授業には答えがなかなかわからないから面白いという面があります。クイズ番組と同じで、正解が出るから楽しいのではなく、間違いの答えや予想外の答えが出るからこそ面白いのです。教室でも、間違えるから、様々な考えがあるからこそ面白いと言えます。

さらに言うと一見間違っていると思ったような答えに、実はより深い解が潜んでいるということも、よくあることです。「違い」のもつ真の価値を堂々と認めていきましょう。

☑「間違えてもいい」ではない。
☑間違えるからこそ、面白い。

「もう終わった」＆「全然わからない」には……

「我慢させる」より「子どもに選択させる」

高学年になると授業中の課題が早く終わる子どもと、なかなか進まない子どもとの時間差が大きくなっていきます。ある日の授業で「もう終わった」と早々に言ってくる子どもと、「全然わからない」と開始十分経っても全く進まない子に分かれています。
あなたなら、それぞれにどう対応しますか。

ハジメテ先生

「早く終わったら待っていて」と声をかけ、進まない子どもの個別指導に当たる。

一人一人を大切にするために、勉強が苦手な子どもに合わせて進むのが大切と考えているハジメテ先生。そこで「早く終わった子は鉛筆を置いて黙って待つ」というルールを作りました。早く終わった人は遅い人を待つべきという考え方です。そして「わからない人は手を挙げて合図する」というようにしました。

結果はどうなったか。教えてもわからない子どもに張り付いて教えるため、早く終わった子どもたちは放置になります。最初は黙って待っていましたが、しびれを切らしてだんだんに騒ぎ始めます。やがて、授業進度がどんどん遅れるという事態になりました。

ベテラン先生

選択肢をいくつか示し、子ども自身にどうするかを選択させる。

四十人の子どもへその都度個別対応するのは不可能と考えているベテラン先生。

そこで、自分がわからない場合は、友だちを呼ぶか、自分から聞きに行くかを選ばせるようにしました。さらに早く終わった子どもたちには、教えるか問題を出すか、自分の持ってきている問題集などをやるかなどの、いくつかの行動の選択肢を示しました。そのために「授業中でも、周りの迷惑にならないのであれば、必要に応じて席を離れて教わったり教えに行ったりしてよい」ということにしました。

これにより、仲間に積極的に教わったり教えに行ったりする子ども、問題を自分たちで作って出し合う子ども、自分で持ってきた問題集にどんどん取り組む子どもなど、自分で学習活動を考えて行う姿に変わっていきました。

結果的に、授業中に無駄なおしゃべりをする子どもは少なくなりました。さらに、教えてもらうことで逆に他の場面でお返しするといった姿も見られました。中には「教えるのがとても上手い」と評判になる子どもも出て、子どもの居場所づくりにもなりました。

▼ここがポイント！

大前提として「四十人が同一歩調で進んで行くというのはありえない」と心得ておく必要があります。つまり、共通の課題を与えた場合にも、それぞれ個別の作業課題が必要になるということです。

それらをこちらから一方的に与えるのではなく、子どもたちに選択させていくのがコツです。

子どもたちの中には、先生のように人に教えることが好きな子どももいれば、問題を作って出すのが好きな子どももいるし、自分でどんどん問題を進めたい子どももいます。

課題は共通であっても、それぞれのニーズへの対応は子ども自身が選択できるようにしていきましょう。

☑ 四十人で同一歩調は無理。
☑ 次の行動は自分で主体的に選べる子どもにする。

「がんばって覚えさせる」

より

「覚えたくなる工夫をする」

社会科の歴史の授業。覚えるべき内容が多く、どうしても暗記に偏ってしまいがちです。子どもたちからも「暗記ばかりでつまらない。」という声が上がってきました。

この声に、あなたならどう対応しますか。

ハジメテ先生

「必要だから我慢して、頑張って覚えて!」と努力を促す。

自分も小学生から大学受験まで、たくさんの暗記をして乗り切ってきたハジメテ先生。「大変でも、必要だから我慢して頑張って覚えて!」と励ましていきました。

素直な子どもたちは、何とか覚えようとします。「鳴くよウグイス平安京」のように、語呂合わせで年号と一緒に覚えても、他の出来事とのつながりや前後関係がさっぱりわかっていません。しかも、何とか今それらを覚えても、次々に新しいことが出てくるので、子どもの記憶は混乱してパンク状態。それでも「必要だから我慢」の一点押しです。

やがて子どもたちの中に「歴史の勉強は暗記ばっかりで、本当につまらない」という思いばかりが形成され、我慢したのに年度末の学力テストの結果すらも散々なものでした。

ベテラン先生

暗記すべきことはゲーム化して、覚えたくなるようにする。

自分も年号を暗記するのに苦労して歴史の勉強が嫌だった思い出のあるベテラン先生。子どもには同じ思いをさせまいと、一工夫しました。歴史人物カルタの利用です。それぞれの歴史人物に関連のあるキーワードを読み上げ、その人物の描かれたカルタを取ります。一対一で勝負します。

子どもたちは単純にゲームに勝ちたいので、自然と覚えていきます。すぐに取れるぐらい慣れてきたところで、読み上げるキーワードの内容を変えたり、前後関係の話からヒントを出したりしていきました。例えば「源頼朝」だったら最初は「鎌倉幕府を開いた」という簡単なキーワードからはじめ、慣れてきたら弟が源義経だとか、それが壇ノ浦の戦いで平氏を滅ぼしたことだとか、後の北条氏の話からヒントを出すだとかして工夫しました。

子どもは「カルタが楽しみ」という理由からいつの間にか歴史が好きになり、時代の流れにも詳しくなり、授業も順調に進むようになりました。そして、年度末の学力テストでも、しっかりと好成績を出しました。

▼ここがポイント！

あらゆる学習において知識が必要であることは間違いありません。「子どもが楽しく学べれば、テストの学力など低くてもいい」というのは詭弁です。逆も然りです。しかしながら、暗記そのものが目的になってしまうと、途端に面白くなくなってしまうのも事実です。

ここにはなるべくゲーム性を取り入れ、遊びながら学習させていきます。

ベテラン先生の例では、子どもたちはカルタが楽しくて熱中していたはずが、いつのまにか歴史自体に夢中になっています。この学習にゲーム性を取り入れるという方法は、汎用性があり取り入れやすいものです。注意点はゲームに勝つことばかりに意識がいってしまい、肝心の学習内容が身に付かないという事態にならないようにすることです。

特に歴史のように暗記が必要となる学習には、ゲーム性を上手に取り入れましょう。

- ☑ 暗記ものはゲーム化で一工夫。
- ☑ ついでに周辺の知識も身に付けさせてしまおう。

「跳び箱が跳べない」と言われたら……

「何度もやらせる」

より

「スモールステップに分ける」

高学年では一人一人の体格差も技能差も大きくなり、体育の授業はそこで苦労します。その日の体育の授業は、台上前転などの回転系の運動の学習を行う予定でした。一人の女子が「私は跳び箱が全然できないから、今日の体育をやりたくない」と言い出しました。あなたなら、どう対応しますか。

ハジメテ先生

「頑張ればできるようになるよ」と励まして直接技に取り組ませる。

努力と根性で何とかここまでやってきたハジメテ先生。「できないのはやる気と努力が足りないからだ」という基本的認識に立っています。そのため、相談してきた女子に対しても「頑張ればできる」という一点押しです。

先生の事を信じて一生懸命やりましたが、やはりできるようにはなりません。無理をして思い切って跳び箱の上で回ろうとしたところ、回転が途中で止まり、跳び箱の脇から落下してしまいました。それ以来、跳び箱に触ることすら嫌がるようになってしまいました。やがてこの女子は、体育の授業では色々な理由をつけて、毎回見学するようになりました。

ベテラン先生

できる部分にまで細かく分け、一つずつ取り組ませる。

自分自身も体育が苦手だった経験のあるベテラン先生。

できないからやりたくないという気持ちが痛いほどよくわかります。一部の思春期の女の子にとって、みんなの前でできないで恥をかくというのは、耐えられないことなのです。

この子を見ていると、運動が全くできないというわけではありませんでした。単に運動の経験が足りないだけのようです。跳び箱の上で回ることはできなくても、平らなマットの上では回れます。しかし、高い所になると、急に怖くなるようです。

そこで、まずはこの部分的にできるところを認めて励ますところから始めました。跳び箱の代わりに小さなマットを積み重ねたものや、ロールマットの上で回らせてみました。一人では怖くても、仲間が一緒に励ましながらやってくれたので、何とか続けられました。

やがて低い段の跳び箱にマットを被せたものでできるようになり、マットを外してもできるようになりました。できた瞬間には、それまで一緒にやっていた子どもと一緒に、涙を浮かべながら喜び合う姿が見られました。

▼ここがポイント！

これは体育の学習のみならず言えることですが、努力しているのにできないということは、精神的にも大きな苦痛が伴います。結論から言うと、指導者のやり方がまずいのです。そのまま努力してもできるようにならないことがほとんどです。

いきなり高い跳び箱の上で回ることはできなくても、平らな場所で回ったり、高い位置でも柔らかいものの上で回ったりならできるということがあります。そういった小さなステップを踏むことで、目標となる跳び箱の上での回転もできるようになることがあります。

もう一つの注意点は、無理強いしないことです。できるようになったら素晴らしいのですが、できなくてもその子の人生が終わるわけではありません。一つの事で体育全てが嫌いになるなら、そこは諦めるというのも一つの手です。その見極めも大切になります。

☑ 体育は、スモールステップが基本。
☑ 部分を積み上げて、徐々に高みを目指す。

おわりに

「NG対応をしない」「OK指導をする」段階から「離れて見守る」段階へ

小学校教師になって十七年、その内の十一年間を高学年担任として過ごしてきました。これまでの高学年担任での経験が何か少しでも世の中のお役に立てることがあるのではないかと思い、今回の執筆を引き受けさせていただきました。

教育には、強い力があります。正しさを価値付けし、浸透させる行為です。そこには、個の持つ力を一つの方向へ結集させる効果があります。この方向性によって、有益にも害にもなります。だからこそ、誤った対応をすることで、苦しい結果を生んでしまうのです。

本書では、この点について、二人の教師の事例を通して示したつもりです。

そして「うまい指導をする」ということは、言葉の表面だけを見ると、子どもを教師のコントロール下に置くということでもあります。

本来の教育の目的は、子ども一人一人の成長です。学級集団を育てる必要があるのは、あくまで個を育てるためです。

つまり、ずっとこのままでいいはずがありません。単に「NG対応をしないで、OK指導をする」という状態から、実は次の段階があるのです。

それが「離れて見守る」という段階です。

子どもが教師から離れて、もっと自由に、かつしっかりと責任をもって行動できる。周りと協力して、難しい何かを成し遂げることができる。それが、次に目指すべき段階です。

「だったら最初からそこを目指せばいいじゃないか」と思うかもしれません。そこに落とし穴があるのです。

最初からいきなり離れて見守ろうとすると、失敗しやすいのです。集団としての相互の信頼感がないところにルールもないので「安全でないから挑戦できない」状態になります。

低学年の頃は、自由どうこう以前に、そもそも子どもの中にルールがありません。基本的に、世界に自分しかいないから「ノールール」なのです。その段階では、教育によって社会のルールや他者との関係づくりを教えて学ばせる必要があります。「NG対応」「OK指導」をそれほど意識せずとも、「先生大好き」で自然とついてきてくれる段階です。

高学年は、社会という他者の中における自分というものを意識するようになります。この段階では、相互の信頼関係づくりやルールの確立が必須です。「安全・安心」「ルール」「楽しさ」を、まずは学級担任が中心となって築き上げます。

それらを通して、子どもの中には信頼・尊敬・慕情といった感情が生まれてきます。

それら全てが揃った状態が「うまい対応」のできている高学年担任の姿です。

高学年の崩れた学級というのは、見ていて辛いものがあります。低学年の場合は単に話が聞けなくてルールの確立ができていないことがほとんどですが、高学年の場合、心が離れてしまっているのです。それは、教師と子ども、両方にとって、不幸なことです。

この本が世に出ることで、一つでも多くの学級に笑顔が増えることがあれば、著者としてこの上ない喜びです。

☑高学年では、子どもが離れていくことを目指して。
☑ただし、心だけは離さない。

【著者紹介】（執筆当時）

松尾　英明（まつお　ひであき）

「教育を，志事にする」という言葉を信条に，千葉大附属小で「クラス会議」を中心とした学級づくりを研究。野口芳宏氏の「木更津技法研」で国語，道徳教育について学ぶ他，原田隆史氏の「東京教師塾」で目標設定や理想の学級づくりの手法についても学ぶ。現在は千葉教育サークル「スイッチオン」の事務局として，全国各地の実力派の実践家を招いて「学級づくりセミナー」を定期的に開催中。

【主な著書】

・『「あれもこれもできない！」から…「捨てる」仕事術　忙しい教師のための生き残りメソッド』（明治図書）
・『新任３年目までに知っておきたい　ピンチがチャンスになる「切り返し」の技術』（明治図書）
・『やる気スイッチ押してみよう！元気で前向き，頑張るクラスづくり』（明治図書，共著）
・メルマガ『「二十代で身につけたい！」教育観と仕事術』
・ブログ『教師の寺子屋』

〔本文イラスト〕木村美穂

お年頃の高学年に効く！
こんな時とっさ！のうまい対応

2019年２月初版第１刷刊　©著　者　松　尾　英　明
2020年３月初版第３刷刊　発行者　藤　原　光　政
発行所　明治図書出版株式会社
http://www.meijitosho.co.jp
（企画）佐藤智恵（校正）川﨑満里菜
〒114-0023　東京都北区滝野川7-46-1
振替00160-5-151318　電話03(5907)6703
ご注文窓口　電話03(5907)6668

＊検印省略　組版所　株　式　会　社　カ　シ　ヨ

Printed in Japan　ISBN978-4-18-140623-3